1% 여자의 자기경영법

이 책을 소중한

_____님에게 선물합니다.

_____ 드림

일과 육아를 최고로 해내는 **여자들의 비밀**

1% 여자의
자기경영법

| 미셸 리 지음 |

위닝북스

보석은 언제나 내 안에 있다

2000년 여름, 나는 느닷없이 삶이란 끝나지 않는 여행 같다는 생각이 들었다. 갑상선 종양 제거 수술 7년 만에 또 다른 이유로 수술을 받고 나서다. 무심코 이런 생각이 들었다.

'나는 무엇이 되고 싶어 지금까지 이토록 치열하게 살았을까?'

그날 이후 여자라면 자신의 인생을 진정으로 사랑할 줄 알아야 하고, 그렇지 못하면 인생을 송두리째 놓치게 된다는 생각을 하게 되었다. 그리고 나도 한때는 피나 바우쉬, 트와일라 타프 같은 현대무용가 겸 안무가의 꿈을 가졌었다는 것을 확인하면서부터 누군가에게 위로받고 싶었다. 하지만 위로와 조언을 듣는 것도 좋지만 딱 거기까지다. 다시 가슴 뛰는 삶을 살고 싶다면 어떻게 해야 할까? 이전엔 비슷했지만, 10년 후 다른 인생을 사는 여자들은 무엇이 다른지에 대해 끊임없이 고민했다.

'나이 들수록 멋지게 사는 여자들은 무슨 비밀이 있을까?'
'이유 없이 행복한 여자는 무엇이 특별할까?'
'내가 소망하는 인생을 지금이라도 다시 시작할 수 있을까?'

이런 질문들에 대한 답을 찾다가 발견한 것이 '나만의 의례'였다. 나는 스스로 만든 자신의 의례가 최고의 답이라고 생각한다. 그래서 하루도 빠지지 않고 철저하게 실천해 오고 있다. 이론과 정보만으로는 아무것도 할 수 없다. 백번 듣고 말하는 것보다 더 많이 실행하고 경험하는 것이 보석이 된다. 자신만의 의례를 평생의 보석처럼 갈고 닦는다면 누구나 소망하는 삶을 재설계할 수 있다. 당신은 누구보다 강하기 때문이다.

어쩌면 지금 우리는 매일 타인의 요구에 따라 인생을 살고 있는지 모른다. 있고 싶지 않은 장소에서 하고 싶지 않은 일을 할 때도 있고, 상처 받은 마음을 수습하느라 필요 이상의 감정노동을 하고 있을 것이다. 웬만하면 다른 사람들이 하자는 대로 따르면서 말이다.

사는 게 혼란스럽고 버겁더라도 여성들에게 꼭 필요한 한 가지가 있다. 자신을 관리하는 능력이다. 바로 몸에 밴 습관이 될 때까지 반복 또 반복하며 내 것으로 만드는 것이다. 나 역시 '다시

'시작하기'를 수없이 되풀이했다. 나를 찾아오는 여성들도 치열한 현실을 통과하기 위해 최선을 다하지만, 어느 순간 끈을 놓치기도 한다. 간혹 사람들은 그런 것에 대해 '의지박약'이라 말한다. 내 생각은 다르다. 우리 모두 열심히 삶을 살고 있다. 다만 다시 시작하고, 반복적으로 실천하면서 계속 성장하면 되는 것이다.

자신을 내버려 두면 소중한 것을 잃을 수 있다. 바로 나를 사랑하는 마음, 자신 있고 당당하게 살아가는 '내 삶'을 삼켜 버리는 것이다. 아무리 힘겨워도 삶은 스스로 껴안아야 한다. 인생은 간절히 원하는 꿈을 찾아 떠나는 외로운 여행이다. 속 시원하게 말할 곳이 없을 때면 이메일의 '내게 쓰기' 기능을 이용해 답답한 가슴을 털어 내고 굴곡을 넘어 보자. 시원한 탄산수를 마신 것처럼 속이 뻥 뚫릴 것이다.

나는 다양한 사람을 만나며 강의와 교육을 해 왔지만, 자신을 사랑한다고 당당하게 말하는 사람을 단 한 번도 만난 적이 없다. 자신이 얼마나 소중하고, 얼마나 아름다우며, 얼마나 중요한 사람인지를 다시 확인하면서 스스로 사랑할 준비를 하자.

내가 아니라면 누가 나를 사랑할 것인가? 지금이 아니라면 언제 시작할 것인가? 자신의 무게를 잊고 자신에 대한 믿음으로 날아오르는 땅벌처럼, 자유롭게 날아가는 여성이 아름답다. 삶은 나에게 주어진 단 한 번의 기회이고, 아름다움이며, 놀이터다. 도망

가지 말고 한 발씩 살짝 내디딘다면 좋은 일이 생길 것이다.

　책을 쓰는 과정은 기쁨 그 자체였다. 내가 알고 있는 것을 나누고, 누군가에게 도움을 줄 수 있다는 사실이 행복했다. 단 한 명이라도 이 책을 읽고 자신을 뒤돌아보게 되었으면 좋겠다.

　이 자리를 빌려 〈한국 책쓰기 성공학 코칭협회〉의 김태광 대표 코치님과 〈위닝북스〉의 권동희 대표님께 감사를 표하고 싶다. "사람마다 가치 있는 깨달음이 있으며 그 가치는 함께 나눌 수 있을 때 빛이 난다."는 이야기는 내게 아주 큰 힘이 되었다. 그런 의미에서 이 책을 통해 더 많은 여성들이 자신의 가치를 존중하고 행복하기를 희망한다.

　마지막으로 새로운 인생을 함께하며 나에 대한 신뢰를 잃지 않는 남편에게 감사한 마음을 전한다. 내 삶에 중요한 존재로 그가 있는 것 자체가 기쁨이다. 또한 매순간 내게 영감을 주는 아이들 그리고 깊은 우정을 선사하는 오랜 친구들이 있기에, 나는 오늘도 진정한 자립의 힘을 키우고 있다.

2017년 9월

미셸 리

| C O N T E N T S |

CHAPTER 1

1% 여자는 명품으로
만들어지지 않는다

여자의 10년을 되돌리는
자기경영 시크릿

일과 육아를 최고로 해내는
여자들의 비밀

남편의 인생까지 바꾸는
여자의 자기경영법

CHAPTER 5

자녀를 상위 1%로 키워낸
여자의 비밀

CHAPTER

1

1% 여자는 명품으로
만들어지지 않는다

01

5년 후 당신은
어떤 모습일까?

나였던 그 아이는 어디 있을까? 아직 내 속에 있을까, 아니면 사라졌을까?
― 파블로 네루다 ―

2014년, 나는 척추 전문 병원에서 근무하면서 두 가지 일을 했다. '재활프로그램 디렉터'와 '병원 홍보대행'이었다. 엄밀히 말하면 재활프로그램은 월급 없이 내가 좋아서 하는 일이었고, 홍보대행은 병원과 계약하고 하는 일이었다.

"죄송하지만 홍보대행사를 바꾸기로 했으니 빠른 정리 부탁합니다."

어느 날, 병원의 통보를 받았다. 재계약은 이미 완료된 상태였다. 내년 홍보기획을 한참 진행하던 차에 웬 날벼락인가 싶었다. 이렇게 일방적인 전화 한 통으로 모든 관계가 허무하게 정리되었다. 함께했던 직원들을 제대로 챙겨 주지도 못한 채 떠나보냈다.

그동안 눈코 뜰 새 없이 바쁘게 근무해 왔다. 병원 일은 내 인생에서 가장 우선순위였다. 하지만 갑자기 계약이 파기되면서 홍보 회사를 닫게 되었고, 나는 일자리를 잃었다. 담담한 척 했지만 속은 타들어갔다. 내 감정에 휘둘려 대성통곡을 하게 될까 두려워 가족에게도 속내를 털어놓지 못했다.

　나는 아직도 병원 측에서 나를 필요로 하는 것처럼 보이려고 출근하는 척 집을 나와 스타벅스에서 시간을 보냈다. 괜히 메일함에 들어가 나에게 메일을 보내기도 하고, 휴대전화 달력 어플로 일정을 체크하기도 했다. 물론 텅 비어 있었다. 앞으로 무엇을 하고 살아야 할지 막막했다. 남편은 좋아하는 책을 읽으며 건강한 은퇴를 하는 것도 나쁘지 않다며 위로했다. 이제 쉬엄쉬엄 인생을 즐기라는 신호로 생각하라고 말했다. 하지만 나는 받아들이기 힘들었다.

　스타벅스로 출근하는 일이 점점 익숙해질 무렵, 열정으로 똘똘 뭉쳤던 아줌마 학생 시절이 떠올랐다. 나는 30대 중반, 두 아이를 키우던 중 예술대학의 무용학과에 복학했다. 미국 유학시절 결혼과 함께 포기했던 대학에 다시 합격했을 때 고생은 끝이라 생각했었다. 결코 느리다고 절망하지 않았고, 인생 목표를 완벽하게 성취하기 위해 모험을 계속하기로 결심했던 시절이었다. 하지만 한 학기가 끝날 무렵 미래에 대한 두려움은 이전보다 더 커졌다. 사실 당시는 장학금을 받아야 비싼 등록금을 감당할 수 있을 정도로 상황이 어려웠다. 게다가 어린 학생들 사이에서 유일한 아줌마였던 나는 수업을 따라 가기도 버거웠다. 그래서 죽기 살기로 도서관에 처박혀 몇 배의 노력을 해야 했다. 예술가의 꿈을 이루기 위해 버텨온 나는 결국 '가장 훌륭한 학습지도안을 만들어 낸 교사' 상을 받으며 예술대학을 졸업했다. 그때 느낀 짜릿하고 강렬한 성취감은 결코 잊지 못할 것이다.

"언제나 한발 앞서가는 사람, 수립한 목표를 달성하는 사람, 인생의 모든 꿈을 이루는 사람에게는 한결같은 공통점이 있다. 그들은 인생을 5년 단위로 계획하고, 그 5년 동안 자신의 모든 에너지를 집중한다."

하우석의 저서 《내 인생 5년 후》에 나오는 구절이다. 우연인가? 되돌아보면 나는 딱 꼬집어 계획하진 않았으나 5년 단위로 새로운 도전을 하며 살아왔다.

나의 의지 그래프를 5년 주기로 순환한다면 나는 어디에 있을 것인가? 생각이 바빠졌다. 당장 삶의 방식을 바꾸기로 결심했다. 지난 세월이 직장의 연장선처럼 진행되는 반쪽자리 창업이었다면, 이제는 다른 사람의 결정에 좌지우지되지 않고 스스로 결정권을 가지는 완벽한 1인 기업가가 되고 싶었다. 새로운 도전은 다시 시작되었다. 다행히 나는 '내 인생을 어떻게 살아야 할 것인가'에 대한 생각을 꾸준히 해 온 덕분에 1인 기업가의 길을 명확히 선택할 수 있었고, 다음 행보를 빨리 준비할 수 있었다.

평생을 일해 왔던 나는 이제 직장인도 아니었고, 직원을 둔 회사 대표도 아니었다. 나는 철저히 홀로서기 설계를 시작했다. 자이로토닉 보디 메서드 마스트로 병원에서 10년 넘게 교육해 온 경험을 살려, 홍대에 여성 전용 건강스튜디오와 지도자교육센터를 오픈했다. 자이로토닉은 미국 뉴욕에서 시작된 운동으로, 요가와 필라테스를 넘어선다는 평가를 받고 있다. 지금은 전 세계 여성들의 로망으로 한국에서도 사랑받는 보디 메서드다.

홍대의 스튜디오에서 일을 시작하며 내가 가장 먼저 한 일은 점심 외식을 끊은 것이다. 나는 홍보 일을 할 때도 밖으로 나가기보다 사무실에서 병원 사보의 칼럼을 쓸 때가 가장 행복했다. 혼자 점심시간을 활용해 스튜디오 프로그램을 구상하는 것이 내게는 전혀 어색하지 않았다. 오히려 점심 먹는 시간을 절약해서라도 내 일을 잘해 내겠다는 열망이 강했다. 나는 시시때때로 공상을 잘하는 사람이다. 틈이 날 때마다 참신한 전략들과 비전으로 상상의 나래를 펼치곤 했다.

활동 범위도 줄었다. 집, 대형마트, 동네 슈퍼, 그리고 주말에 남편과 오래된 구수한 맛집 탐방을 하는 것이 훨씬 재미있었다. 직장에 다닐 때는 중요한 일에 우선순위를 둘 수 없었다. 일이 밀려 있어도 장시간 회의에 붙잡혀 있고는 했고, 그것이 당연한 줄 알았다. 일을 줄이니 비로소 소중한 것들이 보이기 시작했다. 일만 하느라 무심결에 흘려보낸 시간들이 안타까웠다. 나는 1인 기업가로 변신한 후 약 6개월간 혼자 블로그를 운영하고, 페이스북을 새로 만들었다. 일상의 소소한 즐거움들을 올리며 소통하는 기쁨을 느꼈다. 일을 줄이자 일의 우선순위가 더 뚜렷해졌고, 삶의 많은 부분에서 자유를 누릴 수 있었다.

이렇게 혼자 일하는 것이 편안해지던 무렵, 내가 지금 하는 일이 인생에서 가장 의미 있는 일일까 궁금해졌다. 나는 불안해질 때마다 5년 후의 내 모습을 상상하며 하루에도 몇 번씩 자기긍정 문구를 종이에 적어 지갑에 넣어 두었다. 때로는 힘을 주는 문구가 적힌 책을 큰 소리로 읽기도 했다. 만약 미래의 내 모습을 상상하며 더 나은 삶에 대한 열망을 품지 않았다면 현재의 꿈을 찾지 못했을 것이다.

지금 나는 인생 2막을 또 다른 꿈으로 시작하고자 한다. 직장에 다닐 때는 앞만 바라보며 정신없이 달려왔다. 하지만 지금은 내 경험과 깨달음을 다른 사람들과 나누는 1인 기업가로서 나답게 행복한 삶을 살고 있다. 오랜 시간이 흐른 후 비로소 깨달은 한 가지가 있다. 바로 지금이 용기를 내어 자신만의 길을 갈 수 있는 완벽한 순간이라는 것이다. 그동안 나는 5년을 주기로 의지의 그래프를 바꿔 왔기 때문에 시련을 축복의 기회로 딛고 일어설 수 있었다. 목적이 없는 삶은 방황하게 만든다. 과거는 빨리 떠나보내고 내 앞에 있는 세계를 향해 적극적으로 달려가 보자.

지금이야말로 당신의 꿈을 이룰 수 있는 절호의 순간이다. 자신이 남과 달리 생각하는 것을 감사하라. 그리고 무엇보다 5년 후 당신의 모습을 절대 포기해서는 안 된다. 앞으로 5년 후 당신은 어떤 모습일까 상상하며 꿈을 적어 보라. 자신을 의심하지 말고 성공한 모습만을 믿어야 한다.

02

나이에 맞는
스타일을 찾아라

자기만의 개성을 스타일로 표현하는 사람에게는
자기 존중감과 스스로의 품위를 패션으로 완성한다는 공통점이 있다.
- 스콧 슈만 -

스타일은 첫인상을 결정짓는 아주 중요한 요소다. 나는 일찍이 10대 때 센스 있는 스타일에 대해 감을 잡았다.

"여자는 귀티가 나야 멋있지. 특히 옷은 색상이 강렬할수록 고급원단이어야 해. 그리고 빨간 옷은 옷이 많은 사람이 어쩌다 한두 번 입는 색이란다. 안에 받쳐 입는 옷은 그리 좋은 원단이 아니라도 괜찮지만, 밖에 입는 코트만큼은 원단이 좋아야 해. 지금은 갈색, 회색, 검은색으로 입는 것이 학생 신분에 가장 적합할 거야."

고등학생 시절, 몰래 교복 위에 빨간 코트를 입고 다니던 언니를 보고 아버지께서 하신 말씀이다. 교복을 입기 싫어했던 언니는 피아노 학원비로 빨간색 롱코트를 구입했다. 당시 유행하던, 주황색에 가까운 빨간 코트는 여학생이라면 누구나 갖고 싶어 하던 패션 아이템 1호였다.

　나는 아직도 스타일에 대해 아버지의 말씀만큼 귀에 쏙 들어오는 설명을 들은 적이 없다. 딸들에게 그냥 흘러가는 대로 남들을 따라 하는 것보다 자신에게 어울리는 스타일을 찾는 것이 멋진 여성이라는 점을 알려 주신 것이다.

　그렇다면 자신만의 스타일이 있는 사람은 어떤 사람일까? 무엇보다 주변에 휩쓸려 자신의 감을 잃지 않고 자신만의 분위기를 만들어 내는 사람이다. 상대에 따라, 상황에 따라 자기 자신의 장점을 최고로 개성 있게 드러내는 사람이다. 20세기 여성 패션의 혁신을 선도한 코코 샤넬을 예로 들 수 있다.

　누구에게나 자신을 대표하는 이미지가 알게 모르게 존재한다. 공무원 스타일, 은행원 스타일, 강남 스타일, 뉴욕 스타일처럼 직업이나 도시로 대변될 수도 있다. 하지만 수많은 사람들이 자신의 스타일을 정확하게 알지 못한 채 유행에만 열광하고 있다. 드라마 〈태양의 후예〉에서 송혜교가 입은 화이트 블라우스가 불티나게 팔린 것처럼, 어쩌면 최신 유행에 동승하지 않으면 뭔가 잘못되었다고 믿는 사회 분위기 때문일 수도 있다.

　하지만 자신의 이미지를 빛내기 위해서는 남들보다 자신을 더욱 냉철하게 파악하는 것이 우선이다. 같이 일하는 이들이 엄청나게 예쁘고 늘씬한 몸매를 가진 반면, 나의 외모는 일반적이고 표준체형이라고 가정해 보자. 지지 않기 위해 화려한 화장과 어울리지 않는 옷으로 세팅한다면 확실히 손해 보는 경쟁이다.

각자의 강점이 따로 있다는 것을 인정하는 순간 스토리는 달라진다. 말을 잘하는 사람은 말솜씨로 승부하고, 밝은 성격과 환한 미소가 돋보이는 사람은 접점부서에서 고객 만족도를 최고로 올릴 수 있는 능력을 키우면 될 것이다. 외모를 가꾸려 애쓰며 불필요한 스트레스로 자신의 가치를 끌어 내리는 고민을 멈추어야 한다. 자신만의 강점을 정확하게 아는 사람은 스타일이란 정해져 있는 것이 아니라 스스로 만들어 가는 것이라는 것이라고 생각한다. 매력적인 여성들을 보면 시간의 흐름에 따라 자신의 변화를 즐기고 있다는 것을 느낄 수 있다. 한계를 긋고 자신을 가두는 게 아니라 삶의 변화를 즐길 줄 아는 것이다.

나이에 맞는 스타일은 외면에만 해당하는 것이 아니다. 삶의 방식도 스타일의 한 부분이다. 가장 먼저 객관적으로 나의 부족한 점을 인정해야 한다. 물론 '내가 뭐가 부족해서?'라며 평가를 외면하고 싶은 것이 솔직한 심정이다. 그러나 타인의 평가에 매달리는 것이 아니라 내가 볼 수 없었던 점을 자문해 보고자 하는 것이다. 이때 강점을 마주하는 용기를 갖추게 된다.

여자라면 더욱 긴장의 끈을 늦추지 않아야 한다. 상황에 따라 자신을 대표하는 이미지를 다양하게 바꿀 일이 많은 시대다. 직장, 이벤트, 여행, 파티, 캠핑에서도 얼마든지 자신의 개성을 발휘

할 수 있다. 유명인이든 일반인이든 상관없이 스타일이 멋진 사람에게 더 관심이 가는 법이다. 끊임없이 긴장을 놓치지 않고 '나다운 삶의 방식'을 당당하게 변화시켜도 괜찮다. 엄마가 되었다며 기능적인 스타일만 선호하거나 스타일의 변화를 사치라 생각할 필요는 없다.

그렇다면 스타일을 판단하는 가치에는 어떤 기준을 두면 좋을까? 진정한 스타일은 외적인 아름다움만으로는 부족하다. 패션, 취미, 대화법, 자태, 지적 성장, 정갈한 생활습관, 대인관계에 이르기까지 모든 면을 성장시키자. 그리고 당당하게 자신이 멋진 여자라는 점을 드러내면 된다.

내면의 아름다움이 생명이라면, 스타일은 나의 정체성 확보를 위한 가꿈의 대상이다. 사실 나이에 맞는 스타일을 지속적으로 관리하는 것은 힘든 일이다. 많은 여성들이 유행을 따라하면 쉽게 빛날 수 있다고 오해하지만, 뭔가 달라 보이는 여자들은 공통점이 있다. 최고를 시도하고 긴장을 늦추지 않는 노력가라는 사실이다. 나는 매일 새벽 5시에 일어나 10분 명상으로 하루를 시작한다. 몸이 묵직한 기분이 들면 간단한 샤워로 기분을 전환하고 스트레칭을 한다. 그리고 독서를 하고 글을 쓴다. 이러한 습관은 하루도 빠지지 않고 지속하고 있다.

나는 시간 관리를 가장 중요하게 생각해 다음날 입을 옷을 잠들기 전에 미리 생각해 둔다. 그러면 외출 준비 시간을 30분 정도 절약할 수 있기 때문이다. 그만큼 모닝커피를 충분히 즐기는 여유까지 챙길 수 있다. 이른 아침 뜨거운 에너지로 몸과 정신을 단련하면 긴장을 늦추지 않고 바로 하루를 시작할 수 있다.

여자의 스타일은 이러한 노력과 부지런함으로 만들어지며 시간이 흐를수록 빛난다. 만약 오래전 패션을 그대로 고집하거나 반대로 친구 따라 강남 가는 스타일이라면, 자신이 '귀차니즘'에 빠져 있는 것은 아닌지 자문해 볼 필요가 있다.

청춘 시절을 떠올리며 변화의 필요성을 부정하기보다 새로운 스타일을 찾아보자. 스타일은 인생의 목표와 연결된다. 자신이 원래 가지고 있던 매력이 어떻게 바뀔 수 있는지 알아가는 과정을 즐겨라. 분명한 사실은 누구도 나와 100% 똑같은 사람은 없다는 것이다. 스스로 멋지게 꾸밀 수 있는 '셀프 스타일리스트'가 되어 보자. 내가 어떤 사람인지 보여주는 어휘력을 키우고, 내가 하는 일을 드러내는 독특한 표정을 연습하자. 밝은 표정과 함께 맑은 힘이 느껴지는 목소리를 가꾸며 당당하게 소리쳐 보자. 화장법과 패션 스타일링만으로 꾸민다면 표정 없는 마네킹과 같다. 피부는 의학의 도움을 받을 수 있지만, 표정은 스스로 만들어야 한다. 내가 얼마나 멋진 사람인지 세상에 당당하게 외쳐 보자.

03

자신만의
매력 자본을 키워라

마흔이 넘으면 그 누구도 젊지 않다.
하지만 나이와 상관없이 거부할 수 없을 만큼 매력적일 수 있다.

- 코코 샤넬 -

나는 '여성의 건강한 매력'에 대해 강의할 때 참석자들에게 영화를 추천한다. 영화에는 시대에 따라 다른 외모, 패션, 목소리, 지식, 스타일이 담겨 있기 때문이다. 또한 각양각색의 캐릭터가 재미있는 이야기로 각색되기 때문에 최고의 벤치마킹 수단이다.

특히 매력 수업 때는 〈로즈 앤 그레고리(The Mirror Has Two Faces)〉를 함께 보며 매력에 대한 이야기를 나눈다. 주인공 로즈 역의 바브라 스트라이샌드는 여성의 매너, 태도, 보디랭귀지, 지성과 인성을 보여 준다. 나는 이 영화에서 그녀가 입었던 옷들의 남성적 매력에 반해 한때 매일 '멜빵 스타일'로 옷을 입었다.

로즈는 인기 낭만주의 문학 교수로서, 그녀의 강의실은 언제나 학생들로 꽉 찬다. 그녀는 큰 뿔테 안경과 통이 넓고 큰 바지를 입고 벨트 대신 멜빵을 함으로써 중성적 스타일을 연출했다. 열정적으로 강의하는 그녀의 목소리와 당당한 몸짓 그리고 남성적 패션 스타일은 세련되지는 않지만 지성이 물씬 풍긴다. 우연히 같은 대학 수학 교수인 그레고리 라킨과 지적 열정으로 맺어진 친구가 된다. 두 사람은 연인이 되면서 우정과 존경을 바탕으로 한 집에서 지내기로 합의한다. 그때부터 여성적 매력을 만들기 위해 투쟁하는 그녀의 모습이 좌충우돌 희극처럼 전개된다.

나는 이 영화에서 여성의 지성과 인성이 외적인 이미지와 어우러졌을 때 누구도 따라 할 수 없는 치명적인 매력을 발산한다는 것을 보았다. 실제로 바브라 스트라이샌드는 가수, 배우, 감독, 영화 제작자로서 사회운동까지 활발하게 참여하는, 지성과 인성으로 빛나는 매력덩어리다.

지금은 여성들이 원한다면 자신의 능력과 개성을 발휘하며 사회 활동을 할 수 있는 시대다. 삶을 끊임없이 성장시키는 여성들은 시선의 폭을 넓게 가진다. 즉 어떤 상황에 부딪쳐도 흐름에 휩쓸리지 않고 자기에게 유리한 환경을 만들어 낸다. 자기 자신의 실력을 높이며 기회가 왔을 때 행운을 거머쥐는 데 열중하는 것이다.

나는 첫 직장인이 되었을 때 영화 속 매력적인 로즈처럼 지성과 인성을 갖춘 사람으로 빛나길 원했다. 그래서 매일 아침 신문의 헤드라인과 주요기사, 칼럼 등을 꼼꼼하게 읽었다. 멋진 커리어 우먼으로서 시시하게 보이지 않으려면 다양한 주제로 대화할 수 있어야 한다고 생각했기 때문이다. 하지만 오랜 외국 생활 후에 시작된 한국의 직장생활이라 소통할 수 있는 사람들이 없었다. 결국 퇴근 후 참여할 수 있는 모임을 찾기 시작했다. 그렇게 같은 관심을 가진 사람들과 소통하며 나의 전공 분야는 척추 전문 병원 재활센터의 새로운 플랫폼으로 자리매김하게 되었다.

나는 자기 자신의 매력을 만드는 것은 지속적인 '노력'과 '관심'이라 믿는다. 가령 인사를 나누는 도중 상대를 보지 않고 시선을 피하거나 악수할 때 손의 힘이 약하다면, 상대는 당신을 매력 없는 여성이라고 판단할 것이다. 물론 매력은 추상적이므로 정해진 매뉴얼은 존재하지 않는다. 하지만 업그레이드시켜야 하는 점을 소홀히 한다면 자신이 가지고 있는 매력을 고스란히 버리는 셈이다.

스스로 매력을 연출하는 방법을 배우지 않고서는 나를 알리기 어렵다. 우아한 몸짓, 아름다운 자세로 상대를 압도하는 제스처부터 공부해야 한다. 자신의 이미지를 촬영해 인터넷으로 실시간 포스팅하고, 이력서를 이메일로 보내는 환경이다. 선택은 몇 분 안에 결정되는 초고속 시대다. 자신만의 매력을 만들어야 한다.

자신을 표현하기를 두려워하는 사람들 중에는 "나는 매력이 없다."라고 말하는 사람들이 많다. 그들이 말하는 매력의 기준은 자신이 아니라 '선망하는 대상'의 매력이었다. 하지만 매력은 반복적인 연습과 훈련으로 충분히 만들어 낼 수 있다. 자신의 자랑스러운 점을 적재적소에서 돋보이는 방법을 알면 매력 자본을 쌓을 수 있다. 매력을 평가할 때 절반 이상 차지하는 것이 자신감이라고 한다. 남녀 상관없이 자신감 넘치며 환하게 웃는 사람에게 끌리게 마련이다.

결혼한 남녀를 대상으로 한 인터뷰에서 참가자들은 "매력이 치명적인 이유는 논리로 이해할 수 없는 힘이 있기 때문"이라고 말했다. 이렇게 매력은 칼날처럼 상대에게 어필한다. 주변을 둘러보면 딱히 뭐라고 꼬집을 수 없는 없는데 자꾸만 보고 싶은 매력 덩어리 같은 사람들이 있다. 이렇게 매력에 빠지면 불가항력적으로 사람을 끌어당기기 때문에 논리가 필요 없다.

성공한 여성들을 보면 나이와 상관없이 두 가지의 '감'을 가지고 있다. 바로 '자신감'과 '성취감'이다. 그들은 인생을 길게 보면서 목표를 작게 조각내 한 가지씩 성취하는 기쁨을 중요하게 생각한다. 조금씩 성장해 가는 행복을 알고 있기 때문이다. 대체 불가능한 사람이 되기 위해 돈으로 살 수 없는 '지성'과 '인성'을 갖추려는 노력을 중단하지 않는다. 시대를 비켜가는 오드리 헵번의 우아함과 재클린 케네디의 품위도 이 두 가지의 '감'으로 실현되지 않았을까?

이제 자신의 매력을 10배 이상 끌어 올리는 방법을 시도할 차례다. 나이와 상관없이 자신만의 매력 자본 가꾸기를 바란다면, 머리부터 발끝까지, 마음부터 생각까지, 모두 자신에게 집중하는 습관을 만드는 것이 우선이다.

첫째, 마음연습을 하라. 자신에 대한 믿음과 사랑으로 자신의 강점을 인정해야 한다. 둘째, 상상연습을 하라. 인생에 대한 명확한 목표를 정하고 이미 이루어진 이미지를 생각하자. 이미지에는 자신의 생각이 고스란히 배어난다. 셋째, 지금까지 습관적으로 하던 행동들을 관찰하고 나쁜 습관은 칼로 무를 자르듯이 잘라내라.

"그 무엇으로도 대체할 수 없는 존재가 되기 위해서는 늘 남달라야 한다."

여성의 패션에 자유와 해방을 안겨 준 코코 샤넬의 말이다. 그녀는 자신을 위해 옷을 만들고 직접 모델을 하며 고객이 그녀의 매력에 열광하게 만들었다. 그녀는 여자라면 품격과 매혹을 갖춰야 한다고 말했다.

아직까지 우리는 매력을 외모와 몸매를 표현하는 신체적 요소라고 생각한다. 인생을 살아가는 데 외모를 제일 중요한 것으로 보는 사고방식은 우리 사회 전반에 깔려 있다. 동시에 외모지상주의에 대한 거부감도 크다. 그래서 아름다운 여성은 머리가 좋지 않을 것이라는 식의 말을 서슴없이 한다. 미래의 현대여성은 이런 문화를 거부하고 강인하게 살아가는 모습을 보여야 한다. 자신만의 매력 자본을 키워 자신의 생각을 의연하게 추진해 가는 여성으로 거듭나야 한다. 당당한 표정으로 호소하고 매력으로 승부하는 그날까지.

04

자존심이 아닌
자존감을 키워라

타인의 행복에 시선을 빼앗기지 말고
부디 너의 행복을 거머쥘 수 있도록 보람찬 나날을 보내야 해.
– 츠지 히토나리 –

직장에서 교육부 팀장을 지낼 때 일이다. 나보다 열 살 남짓 많은 회사 대표는 자기 감정에 충실한 사람으로, 무엇이든 저지르고 보는 행동파였다. 1년 중 반은 새로운 기획으로 인해 해외에 머무는 대표와 미팅을 하려면 몇 분 안에 초고속으로 말을 끝내야 했다. 그나마 우선순위는 언제나 정해져 있는 몇몇 사람들에게 돌아갔다.

어느 날 나는 운 좋게 교육부서의 새로운 프로젝트에 대해 대표에게 직접 3분간 보고할 수 있는 기회를 얻었다. 비서는 일정이 바쁘니 짧게 말하고 시간을 지켜 달라고 당부했다. 하지만 결과는 3분이 아닌 3초로 끝났다. 방에 들어서자마자 그는 이런 말을 툭 던졌다.

"나는 착한 사람들을 싫어해. 회사에 도움이 안 되거든. 회사에서는 수단과 방법을 가리지 않고 수익 창출을 내는 사람이 최고야."

그러더니 밖에서 기다리던 사람의 이름을 화난 듯이 불렀다. 이만 나가달라는 뜻이었다. 나는 직감적으로 어떤 상황에서도 그와 좋은 관계가 될 수 없다는 것을 깨달았다.

나는 이후 그의 불공평한 처사에도 불구하고 태연하게 직장생활을 이어나갔다. 직장 동료는 나에게 자존심이 상하지 않느냐고 물었다. 옆에서 보기에도 화가 나는데 정작 본인은 차분하니 이해가 안 된다고 했다. 사실은 프로페셔널하지 못한 사람으로 보일까봐 화장실에 숨어 몰래 눈물을 훔치곤 했었다. 어렵게 거머쥔 직장을 놓기 싫어 버티는 내가 한심해 흘린 눈물이었다. 빨리 이곳을 벗어나지 않는다면 자존감을 회복하지 못하고 주저앉을 것 같았다.

나는 마지막까지 행복한 삶을 살아야 한다는 생각을 단 한순간도 잊지 않고 살아왔다. 하지만 어느 순간부터 타인의 말 한마디에 상처받고 애써 수치심을 숨기려고만 했다. 그럴 때면 상실했던 자존감을 되찾고 싶다는 강렬한 욕망이 끓었다. 이대로 버텨내기보다 나 자신을 잃고 헤매지 않기 위해서 스스로 정리할 시간이 필요했다.

자존심과 자존감은 완전히 다르다. 자존감은 비교우위를 통하지 않고 스스로 나를 인증하는 것이다. 반면에 자존심은 비교당하면서 생기는 열등감이다. 그래서 자존심과 열등감은 동전의 양면과 같다. 자존감은 나의 약점과 취약함도 모두 인정하며 나를 받아들이는 것이다. 자존감이 튼튼한 사람들은 대상에 따라 호떡 뒤집듯 태도가 바뀌지 않는다. 예로, 성공한 친구를 만나도 당당하게 반가워하고, 자기비하나 한탄으로 이어지지 않는다. 자신을 다른 사람을 대할 때처럼 객관적으로 바라 볼 줄도 안다. 프랑스의 소설가 폴 부르제는 《대낮의 악마》라는 저서에서 이렇게 말했다.

"사람은 생각하는 대로 살아야 한다. 그렇지 않으면 머지않아 사는 대로 생각하게 될 것이다."

행복한 인생을 사는 사람들은 남들이 정해 준 대로 사는 인생에 매달리지 않고, 자신의 생각대로 주체적인 인생을 산다. 나는 "시시하게 보이면 시시하게 살게 된다."라는 말을 들은 적이 있다. 내 삶의 행복을 다른 누군가로부터 방해받게 두지 않으려면 자존감을 지켜야 한다.

어쩌면 그 대표는 자신감은 높으나 자존감은 낮을 확률이 크다. 돈이 많다고 해서 자존감이 높지는 않다. 머릿속에 떠오른 말풍선을 함부로 휘두르며 강한 척하는 행동들이 낮은 자존감 때문이라는 생각이 들었다.

이렇게 관점을 바꿔 생각하니 몇 가지 수수께끼가 풀렸다. 그의 자신감은 취약한 감정일 수도 있다. 자신이 가진 특정한 능력에 대한 우월한 감정을 누군가에게 확인받고 싶었던 것이다. 자신의 자랑을 많이 하고 자주 삐지는 것도, 어쩌면 비교우위에 따라 변하는 감정 표현이라는 것을 느꼈다. 자존심과 자존감에 대한 관점을 바꾼 후, 나의 태도는 달라졌다.

나는 회사를 그만두고 창업을 하고난 후 여유를 갖게 되면서 그동안 벽에 걸어 두고 그냥 지나쳤던, 어머니가 주신 서예액자를 자세히 읽게 되었다.

어머니께서는 침샘이 막히며 혀가 사막처럼 갈라져 어떤 음식도 먹을 수가 없었다. 하루를 버티는 것 자체가 고통이었던 어머니였지만 가족들조차 모르게 서예를 배우셨다. 어머니가 쓰러지신 다음에야 마지막 말씀을 붓글씨로 써서 4남 2녀에게 남기기 위해 몇 개월을 엎드려 배우셨다는 것을 알았다. 큰아들에게는 액자로, 둘째 아들에게는 족자로, 셋째, 넷째 그리고 두 딸에게는 각자의 집 크기에 맞추어 액자 크기까지 조절해 만드셨다. 그때 어머니의 몸무게는 겨우 37kg이었다. 어머니께서 남기신 시를 소개한다.

나에게 주어진 하루하루를

참으로 소중히 살고 싶다.

조용하게

행복하게

누가 알아주지 않아도

때가 되면 다소곳이

피어나는 한 송이 꽃처럼

살고 싶다.

나는 이 시를 일상의 작은 기쁨을 소중히 여기고 주어진 삶에 대해 예의를 갖추며 살아가라는 의미로 받아들였다.

"벼는 익을수록 고개를 숙인다. 그저 겸손이 제일이야."

어머니께서 이불홑청을 바꾸시며 옆에서 조잘대는 나에게 묵묵히 이야기하셨다. 진정한 자존감은 겸손함으로 일취월장한다는 말씀을 자식들에게 남기신 어머니 덕분에 나는 건강한 자존감을 배우게 되었다. 바쁘게 일할 때는 그냥 지나쳤던 어머니의 글을 바로 옆에 두고 엉뚱한 곳에서 자존감을 회복한다며 방황했던 것이다. 나는 이제 더 이상 자존감을 잃을 필요가 없었다.

열정과 포부도 일상이 무너지면 소용없다. 엄청난 상실감을 경험한 사람들은 대부분 일상의 기쁨을 통해 자존감을 회복했다고 말한다. 자존심을 포기하고 대신 자존감을 키우는 방법을 단련시켜 보자. 귀중한 자존감을 회복하기 위해서 투쟁은 필요 없다. 또한 누구에게도 허락받을 필요가 없다.

원하는 삶을 살 수 있는 힘은 나를 사랑하는 것에서부터 나온다. 살면서 늘 밝고 긍정적인 경험만 할 수 있는 것은 아니다. 하지만 행복한 일을 하면서 자존감을 상실하지 않아야 한다. 때로는 아주 단호하게 선을 긋고 초심이 흔들리지 않도록 감정을 통제하자. 그리고 자존감을 지키자. 또한 자존감을 키우려다 엉뚱하게 자존심을 키우고 있지는 않는지 확인해 보자.

05

인생은
선택에 따라 결정된다

숲을 걸었다. 길이 두 갈래로 갈라졌다.
나는 인적이 드문 길을 택했다. 그리고 모든 것이 달라졌다.
- 로버트 프로스트 -

나는 보기보다 냉정하다는 말을 자주 들었다. 대부분 가족에게서였다. 아버지 기일에 다 같이 모여 저녁식사를 하다가 오빠들은 여러 번 술잔을 주거니 받거니 하다가 술이 오르면 나에게 그런 말들을 툭 던지곤 했다. 나는 반응을 하지 않거나 못 들은 척했다. 오빠들은 집안이 어려워졌을 때 유학을 결정하고 비밀리에 떠나 버린 나를 여전히 못마땅해했다.

내가 고등학교 3학년 때, 대학을 가야 할지 말지 결정해야 할만큼 집안에 큰일이 터졌다. 다른 학과들과 다르게 무용학과는 작품비, 실습비, 의상비같이 등록금 외에 부수적으로 드는 돈이 많았다. 이모들은 이구동성으로 여자 아이를 군이 왜 대학에 보내느냐며, 외모도 성품도 좋으니 결혼이나 일찍 시키라고 했다. 하지만 부모님의 선택은 달랐다. 이모들에게 다시는 그런 말 꺼내지도 말라고 화를 내시며 나에게 당장 서울로 가자고 하셨다. 당시 우리는 부산에 살고 있었는데, 서울에 있는 무용학과를 지원하려면 서울에서 연습을 해야 한다는 생각에서였다. 그해 겨울 눈길이 미끄러워 몇 번이나 넘어지던 어머니의 손을 잡고 이모 집을 찾아가던 길은 천리 길처럼 멀게 느껴졌다.

"아버지가 지게를 지더라도 너 대학 보내고 원하는 공부 다 시켜 줄 테니 걱정 마라."

인생은 선택에 따라 완전히 다른 길로 가게 된다. 특히 어려운 현실에 처하면 원하던 목표를 뒤로 미루고 안정을 선택한다. 대학으로 진학을 할 때나 사회에 첫발을 내디딜 때는 두려움이 앞선다. 그런데 시간이 지나면 그보다 더 어려운 과제들과 맞닥뜨리게 된다. 다행히 나는 두려움에 비중을 두지 않고 스스로 어려운 선택을 했다. 나의 짐 가방을 들고 앞서 가시던 아버지의 말씀처럼 나도 인생의 지게를 선택했던 것이다.

인생에는 한 가지 잔인한 특성이 있다. 한 번 선택을 미루면 끝까지 미루게 된다는 것이다. 만일 과감한 선택을 미루고 참는다면 사람들은 당신을 우유부단한 사람이라고 욕할 수도 있다. 성공하는 사람들은 자신이 원하는 것이 있으면 참거나 미루지 않는다. "어떤 결정을 내려야 할 때 가장 좋은 것은 올바른 결정이고, 그

다음으로 좋은 것은 잘못된 결정이며, 가장 나쁜 것은 아무런 결정도 하지 않는 것"이라는 말이 있다.

조용한 성격의 내가 어떻게 그런 과감한 선택을 할 수 있었을까? 평소에 무엇이든 스스로 선택하는 습관 덕분이었다. 어릴 적부터 어머니의 부엌일을 돕는 일도 스스로 자청했고, 설날 떡국떡을 써는 일도 먼저 나섰다. 50세가 넘어서도 1인 기업가로 성공할 수 있었던 것은 '나'를 중심에 두고 선택한 결정들이 소복소복 쌓여 이루게 된 성과다.

현명한 선택을 하는 방법은 독서를 통해 배웠다. 나는 초등학교 4학년 때 오빠들이 공부하고 있는 부산으로 전학을 갔다. 매일 어머니가 보고 싶어 울곤 했다. 주말에는 고속버스를 타고 밀양에 있는 어머니 집에 가서 시간을 보냈다. 주말이 끝나면 다시 부산으로 돌아가기 싫어 어머니 치맛자락을 붙잡곤 했다. 그때 독서는 나에게 피난처였다. 책에 나오는 다른 사람들의 이야기를 읽으면 마치 내가 그들과 함께 있는 것처럼 느껴졌다. 독서는 주말이 오기까지 나를 버티게 하는 힘이었다.

지금도 여전히 책을 통해 성공한 사람들의 자기경영 습관이나 삶을 대하는 태도를 접하고 분석한다. 최근에는 반복되는 행동이 만드는 극적인 변화에 관한 책인 《습관의 힘》을 흥미롭게 읽었다. 저자 찰스 두히그는 우리의 일상은 선택으로 만들어지며 선택은 습관이라고 주장한다.

"우리가 매일 반복하는 선택들이 신중하게 생각하고 내린 결정의 결과물로 여겨지겠지만, 실제로는 그렇지 않다. 대부분의 선택이 습관이다. 하나하나의 습관이 그 자체로는 상대적으로 큰 의미가 없지만, 매일 먹는 음식, 밤마다 아이들에게 하는 말, 저축하느지 소비하는지, 얼마나 자주 운동하는지, 생각과 일과를 어떻게 정리하는지 등이 결국에는 건강과 생산성, 경제적 안정과 행복에 엄청난 영향을 미친다."

우리가 매일 하는 행동의 50%가 의사결정의 결과가 아니라 습관 때문이라는 연구결과도 있다. 인생은 빛나는 재능, 화려한 이력, 부모님의 힘에 의한 것보다 일상 속 자신의 선택에 의해 가치가 만들어진다는 것이다. 세계적으로 성공한 사람들을 살펴보면 재능이나 스펙만으로 성공을 이룬 사람들은 결코 찾아볼 수 없다. 자신의 습관을 지배하는 힘과 올바른 선택의 힘을 모아야 비로소 성공을 이룰 수 있기 때문이다.

동서고금을 막론하고 삶의 가치는 원하는 삶을 사는 데에 있다. 하지만 원하는 삶을 만들기에도 순서가 있다. 먼저 자신의 습관을 들여다보고 선택과 집중을 할 수 있어야 한다. 세계는 급변하고 인터넷, 모바일 확장으로 정보는 넘쳐난다. 이제 우리는 클릭 한 번으로 앉은 자리에서 전 세계의 이야기를 모두 알 수 있다. 이렇게 전 세계가 하나로 소통하는 시대의 흐름 속에서도 여전히 사람들은 스스로 선택하는 삶을 살아가기를 두려워한다. 그만큼 남이 아닌 나와의 경쟁이 가장 힘들다.

지금 나는 '여성경영 코치'로 활동하는 1인 기업가다. 내 나이 오십을 넘기면서 무용가에서 여성 기업가로 변신한 이 상황을 곰 곰이 생각해 봤다. 인생의 원칙은 한 가지다. 이겨 내야 하는 대상 은 자신이며 자신의 선택이 인생의 가치를 결정한다. 자신의 꿈을 실현시켜 줄 창조적인 생각을 찾는 일에 귀재가 되어야 원하는 결 과물을 만들어 낼 수 있다. 자신이 원하는 것을 이룰 때까지 선택 을 멈추지 마라. 자신이 어떤 사람인지 무얼 하고 싶은지 아는 여 자는 항상 어려운 선택에 도전한다.

인생은 마지막까지 선택의 연속이다. 인생의 가치는 선택을 마친 단계에 있는 것이 아니라 선택을 하는 수많은 과정 안에 나 타난다. 자신이 어떤 태도로 살고, 어떤 결정을 하느냐에 따라 인 생은 천양지차로 달라진다. 과하게 높은 기대를 품지 않고 한 번 에 조금씩 베며 성취한다면 자신이 원하는 인생을 발견하게 될 것이다.

06

어떤 상황에서도
자신을 귀하게 여겨라

성공에 이르는 가장 중요한 열쇠는 다른 사람을 사랑하기 전에
자기 자신부터 사랑하는 것이다.
– 데니스 웨이틀리 –

여자의 삶은 마치 트랜스포머와 같다. 상황과 환경에 따라 역할이 바뀐다. 누구보다 열심히 살아도 여자는 결혼과 함께 사회활동을 그만두거나, 일을 하더라도 끊임없는 역할 변신이 요구되는 것이 현실이다. 만약 변화가 많은 인생을 살아온 여성이라면 더더욱 5년, 10년 후 어떤 인생을 살 것인지 준비할 필요가 있다. 이런 과정에서 자신의 가치를 더 높이 키우고 세상을 향해 당당하게 뛰어들 수 있는 힘을 얻게 된다.

〈포춘〉 선정 '세계에서 가장 영향력 있는 여성 기업인' 5년 연속 1위에 빛나는 여성이 있다. 바로 미국의 청량음료 제조업체 펩시코의 최고경영자 인드라 누이다. 그녀는 다음과 같이 말했다.

"여성다움은 약점이 아니라 리더가 될 수 있는 신의 선물이다."

"두 배로 생각하고, 두 배로 노력하라, 그것이 가진 것 없는 보통 사람이 성공하는 비결이다."

그녀의 성공은 다양성을 중시하고 여성의 가치를 디딤돌로 활용한 친화적인 태도와 사람을 존중하는 삶의 철학이 있었기 때문이다. 콜라를 적게 팔고 가족의 건강을 지키는 건강음료 기업으로 펩시코를 탈바꿈시킨 저력도 여성성에서부터 시작되었다. 자신과 가족을 귀하게 여기는 마음을 그대로 적용한 '여성 경영법'으로 직원을 대하고 상품계발까지 연결한 것이다.

이렇게 세계적인 인정을 받는 그녀는 놀랍게도 전형적인 인도 여성으로, 두 딸의 엄마다. 치열하게 살며 카리스마를 휘두를 것같지만, 실제로는 전자기타를 치고 행사에서 팝송도 부르며 격의 없이 직원들과 소통한다고 한다. 또한 회사의 권력자인 주주들에게는 "여러분이 원하는 것이 회사의 두 자릿수 성장이라면, 나는 여러분이 원하는 CEO가 아닙니다."라고 단호하게 말하는 리더십을 보여 주기도 한다.

인드라 누이는 자신의 가치를 스스로 인정했다. 완벽하고 이상적인 자신의 모습을 정해 놓고 그 목표에 도달하기 위해 몇 배로 노력했다. 그녀가 만약 인도의 보수적인 가정에서 교육받고 부모님의 바람대로 살았다면, 지금쯤 후회할 확률이 훨씬 높다. 여성일수록 더욱 집중하는 삶을 살아야 한다. 자신의 가치를 알고 여성의 사회활동에 대한 관점을 바꾸어야 한다.

자신을 보잘것없는 존재로 지나치게 낮추는 사람은 다른 사람이 자신을 지적하거나 거부할 때 어떻게 반응해야 할지 어려움을 겪는다. 있는 그대로의 나를 귀하게 인정하지 않고 주어진 환경에 자신의 가치를 맞추며 살기 때문이다. 단 한 번뿐인 삶을 남에게 맡기거나 탓하지 말고 스스로 영리하게 행복한 삶을 재정립할 필요가 있다. 자신을 인정하지 않는 사람을 어느 누가 존중하겠는가?

나는 다른 사람들이 부러워할 만큼 유명한 인물들을 멘토로 삼고 있다. 내가 힘들 때마다 시간과 장소에 상관없이 위로를 받기도 하고 조언도 구할 수 있다. 갑자기 주위에 아무도 없는 것처럼 공허할 때도, 휴대전화의 연락처를 처음부터 끝까지 모두 살펴도 선뜻 전화할 만한 사람이 한 명도 없을 때도, 나는 멘토들 덕분에 마음의 여유를 얻는다. 그중 가장 오랜 세월 동안 디딤돌이 되어 준 사람은 영화 〈사운드 오브 뮤직〉의 마리아다.

나는 여성들에게 상상력을 발휘해 최상의 나를 연출할 수 있는 멘토를 찾으라고 권한다. 굳이 멘토를 찾기 위해 네트워크를 만들어야 하는가? 원하지 않는 모임에 가거나, 골목대장 놀이를 하는 사람들에게 합세하며 귀중한 시간을 낭비해야 하는가? 나는 단발머리 중학생 때부터 '마리아처럼 웃고, 마리아처럼 생각하기'를 되뇌었다.

여성의 가치는 여성성을 자랑스럽게 여길 때 빛난다. 현실 속 인드라 누이도, 영화 속 마리아도 모두 '여성다움'을 존중하는 여성들이다. 스스로 자신의 정체성을 인정하는 태도, 삶의 철학도 자신의 가치에 기반을 둔 여성들이다. 누군가로부터 들은 평가나 말로 자신의 가치를 정하고 살고 있지는 않은지 생각해 보자. 그러기 위해서는 주변 인물 중에서 멘토를 찾기보다 진정으로 자신이 원하는 모습으로 삶을 살고 있는 대상을 찾아야 한다. 우리는 그저 살기 위해 태어난 것이 아니라 의미 있는 인생을 만들어 가기 위해 태어난 것이기 때문이다.

자신감을 잃지 않고 강인하고 아름다운 여성이 되기 위해서는, 일단 몸을 해치는 복잡한 생각을 멈춰라. 그리고 순수하게 내면을 지켜보는 '미소명상'을 하라. 미소명상은 얼굴에 미소를 짓는 것만으로도 평정을 찾게 도와준다.

미소명상의 핵심은 미소 지으며 저절로 기분 좋은 느낌이 들 때까지 마음을 가만히 쉬게 하는 것이다. 하지 않으면 안 된다고 생각하는 일도, 다시 한 번 생각해 보면 그렇지 않은 경우가 더 많다. 처음에는 어색할 것이다. 하지만 하루에 몇 번씩 미소 지으며 자신이 좋아하는 것들을 생각하는 연습만으로 당신의 하루는 질적으로 달라진다. 중요한 것은 미소명상을 습관적으로 해야 한다는 것이다. 하루의 시작과 마무리를 기분 좋은 느낌으로 만들어라. 마음 구석구석에 끼어 있는 이끼가 서서히 벗겨지며 가벼워질 것이다.

이렇게 일상적인 느낌을 바꿀 수 있다면, 더 큰 삶의 변화를 만들 수 있다. 자신을 귀하게 대하고 자신의 강점을 스스로 인정하게 된다. 사람들은 자신의 강점은 당연한 것으로 생각하고, 다른 사람의 강점은 뻥튀기처럼 크게 여긴다. 만약 지금 이 순간에도 자신의 강점을 과소평가하거나 믿지 못하고 갈등한다면 지금 당장 생각을 바꿔 보자.

"나에게는 당연한 것들이 누군가에게는 가슴을 뛰게 하는 일이 될 수 있다. 누군가는 나를 부러워하며 바라보고 있다. 나의 내면을 있는 그대로 바라보자. 남의 시선을 의식하고 비교하는 것은 허영심이다. 내 인생의 주인공은 나다. 내 운명의 주인도 나다. 내 인생의 주도권을 가지기 위해서는 강한 의지가 필요하다. 그것은 나를 귀하게 여기고 아끼는 것이다. 나에게 필요한 것은 나를 사랑하겠다는 굳은 확신이다."

나는 이 문구를 종이에 적어 지갑에 넣어 두고 하루 두 번씩 꺼내 읽는다. 이 문구와 함께 일과를 시작하고 잠자기 전에 읽으며 하루를 마무리한다. 이러한 나만의 의례는 365일 단 하루도 빠지지 않는다. 자신의 인생을 책임지는 것은 온전히 자신의 몫이다. 자신의 상황을 남에게 구구절절이 풀어내며 위로받을 때에도 그다음의 행보는 오로지 자신의 몫이다. 또한 심한 말로 비평을 받더라도 그것을 상처로 받아들일지, 수긍할지도 자신의 몫이다. 《멈추면 비로소 보이는 것들》의 저자 혜민 스님은 상처와 비평에 대해 이렇게 조언한다.

"한두 사람의 비평에 상처받아 쉽게 포기하지 마세요. 나에 대해 잘 알지도 못하고 쉽게 한 말에 너무 무게를 두어 아파하지도 말아요. 용기 내어 지금 가고 있는 길 묵묵히 걸어가면 됩니다."

상대가 나를 안다면 얼마나 알겠는가? 다른 사람들은 내가 생각하는 것만큼 나에게 관심이 없다. 지금 있는 그대로의 나를 사랑하자. 자신의 문제가 아닌 것까지 자신의 탓으로 돌리며 고민하는 일을 멈추자. 미소명상을 통해 있는 그대로의 나를 귀하게 여기며 집중하는 시간을 만들자. 이런 노력은 자신의 인생을 다른 사람에게 넘기고 행복할 권리조차 잃어버리는 것을 막을 수 있다.

07

죽는 순간까지
여자임을 포기하지 마라

절대로 고개를 떨어뜨리지 마라.
고개를 처들고 세상을 똑바로 바라보라.
- 헬렌 켈러 -

대부분의 여성들은 결혼생활을 시작하면서부터 모습이 조금
씩 바뀌어 간다. 시간이 흐를수록 여자들의 표정과 자태는 다르다.
나는 강의를 통해 다양한 역할의 여성들을 만난다. 대부분 스스로
건강과 아름다움이라는 두 마리 토끼를 잡는 법을 배우고 싶은 열
정가들이다. 꾸준한 자기관리가 습관인 그녀들이지만, 결혼생활에
대한 이야기를 듣다 보면 늘 나의 가슴 한쪽을 울린다. 몇 마디만
나눠도 '언젠가는 나답게 살고 싶어'라고 말하는 것 같다.

나는 수많은 사람들을 교육하며 여성들이 결혼 후 두 가지 유
형으로 나뉜다는 사실을 알게 되었다.

첫 번째 유형은 사랑과 성공, 행복한 결혼생활을 위해 완벽한

올인을 하는 것이다. 다른 사람에게 진정한 자신의 모습을 감추며 슈퍼 우먼으로서 모든 것을 감당해 내느라 스스로를 탈진시키는 것이다. 그러다 자신도 모르는 사이에 소중한 것을 잃고 있었다. 그것은 자신이 원하는 삶이었지만, 결국 상실감으로 인한 분노에 휘말리기도 하고, 스스로를 약자로 생각한다. 불편함과 직면하기 힘들어 '내가 하고 말지'라는 엉뚱한 희생을 자처하며 마음을 꽁꽁 감춰 버린다.

이렇게 여성이 한껏 누려야 할 축복의 시간과 삶의 가치관을 쉽게 감추는 데는 이유가 있다. '지금 당장의 주어진 역할에 올인하며 행복한 가정을 이룩하겠다'는 의지가 강하기 때문이다. 하지만 여자로 태어난 우리에게는 결코 잊어서는 안 될 여성으로서의 책임이 있다. 여성으로 산다는 것에 대한 깊은 자부심과 어떤 유혹이나 고난에도 흔들리지 않을 귀중한 존재감을 세포 하나하나에 심어야 한다는 것이다.

반면, 두 번째 유형은 자신의 존재감을 남편과 가족에게 알리며 사는 여자들이다. 그녀들은 에너지가 넘친다. 스스로 행복할 수 있어야 가족도 행복하다는 사실을 알기 때문에 삶의 중심에 늘 자신을 우뚝 세우는 것이다. 아내를 아끼는 남편의 태도는 주변 사람들도 그녀들을 함부로 대하지 못하게 하는 바람막이가 된다.

우리 전 세대의 어머니들이 살아왔던 삶을 그대로 따라 해야 하는 것이 아니다. 행복한 결혼생활을 위해 자신을 소홀히 하는 삶은 여자이기를 포기하는 것이다. 결국 자신도 모르는 사이에 소중한 것을 잃게 된다. 어쩌면 상실감으로 인한 분노에 휘말리거나, 세월의 흔적만을 떠안고 사는 중년을 맞이할 수도 있다. 따라서 스스로 여성으로 산다는 것에 대한 깊은 자존감과 어떤 고난에도 흔들리지 않을 귀중한 존재감을 키우는 노력이 필요하다.

나의 첫 직장인 병원은 신세계였다. 지독하게 공부하며 똑똑하다는 소리를 지겹도록 들었을 법한 의사들이 수두룩했다. 금요일마다 열리는 아침 컨퍼런스에서는 마음만 먹으면 언제든 메디컬 분야에 대한 지식을 확장시킬 수 있었다. 하지만 신기함도 잠시, 완전히 다른 관점을 가진 환경은 더없이 불편했다.

여자임을 포기하고, 주어진 현실에서 또 다른 경쟁을 시작해야 하는 상황이었다. 게다가 나의 존재 가치를 알리기 위해 치열한 감정노동까지 했다. 내 지인 중에는 병원 일을 하는 사람이 없어서 혼자 책이나 인터넷 정보 검색을 통해 접한 게 전부였다. 무인도에 홀로 버려진 기분이었다. 현실을 알고 나니 말도 못하게 허망해졌다. 더 이상 전문가라는 타이틀에도 가슴이 뿌듯하지 않았다. 아무리 좋은 직장이라도 신나는 도전이 없으면 꿈이 될 수 없는 법이다. 누군가 제발 흔들리는 나를 바로잡아 주면 좋겠다는 마음이 간절했다.

그때 부정적인 감정에 휘둘리지 않게 균형을 잡아 준 고마운 책이 있었다. 20세기 가장 훌륭한 정신의학자로 불리는 엘리자베스 퀴블러 로스의 마지막 저서 《인생 수업》이다. 나는 그녀의 책 덕분에 지나간 일을 붙잡지 않고 시련을 축복으로 생각하는 등 관점이 바뀌었다. 그녀는 몸과 마음을 동시에 치료하는 영혼의 연금술사였다.

"배움을 얻는다는 것은 자기 자신의 인생을 사는 것을 의미한다. 갑자기 더 행복해지거나 부자가 되거나 강해지는 것이 아니라, 세상을 더 이해하고 자기 자신과 더 평화로워지는 것을 의미한다. '난 내 삶이 불완전하기 때문에 더 즐겁다'라고 누군가는 말했듯이, 삶의 배움을 얻는다는 것은 삶을 완벽하게 만드는 것이 아니라, 있는 그대로 삶을 받아들일 줄 알게 되는 것이다. 아무도 당신이 배워야 할 것이 무엇인지 알려 줄 수 있는 사람은 없다. 그것을 발견하는 것은 당신만의 여행이다."

여자로 태어났다면 적어도 한 번은 여자로서 자신의 삶에 열광하고 일상부터 정리해 보면 어떨까? 자고 일어난 이부자리를 깔끔하게 정리한 다음 남편의 아침을 차리는 아내는 사랑받을 수밖에 없다. 배달 음식을 시켜도 그릇에 옮겨 담아 차려 내는 아내의 정성에 남편은 감동받을 것이다. 여자이기 때문에 하는 일이 결코 아니다. 제 아무리 뛰어난 미모를 소유한 여자라 해도 상대에 대한 배려와 예의가 없다면 전혀 아름답지 않다. 여자의 매력 중 가장 치명적인 매력은 당연히 여자다움이지 않을까? 군살이 많아졌다면 운동을 하고 식사량을 줄여야 한다. 나이가 들어갈수록 목소리를 관리하고 예의를 지키는 품격을 가꾸는 노력은 필수다.

건강한 아름다움을 뽐내는 여성은 대부분 부지런하다. 그만큼 일상 속에서 자신을 관리하는 데 긴장을 늦추지 않는다. 여자다움은 세월이 흐를수록 화려함보다는 일상의 소소함이 묻어나기 시작한다. 젊었을 때는 자연스러웠던 표정과 자세도 나이가 들면 어색하다. 가령, 50대 여자의 몸짓과 어투가 20대 같다면 전혀 아름답지 않은 것과 같다.

나는 지난여름에 '자이로토닉 보디 메서드 국제공인 자격증 과정'을 주최했다. 30명이 넘는 참가자들은 모두 대학생이거나, 직장인 혹은 프리랜서로 일하는 워킹맘들이었다. 나는 사흘 동안의 워크숍을 통해 몇 가지 공통점을 발견했다. 그녀들은 하나같이 자신의 마음을 적절하게 다스리며 자신감 있는 태도를 보였다. 그리고 자신의 강점을 완벽하게 빛내는 방법도 모두 달랐다.

세 아이가 있는 40대 프리랜서는 그간 배워온 동작들과 교육법을 당당하게 드러냈다. 대학에 재학 중인 청춘들은 자신감은 드러냈지만 자만하지 않는 놀라운 집중력을 보였다. 자신들이 세운 삶의 목표를 향해 열정을 쏟는 그녀들의 얼굴은 매력으로 빛났다. 나는 그날 여자의 매력은 나이와 무관하다는 것을 깨달았다. 도리어 자신의 삶을 사랑하고 끊임없이 노력하는 여자가 더욱 아름답다는 것을 경험했다.

우리는 늘 배우며 살고 있다. 이 과정 속에서 겪는 많은 일들이 평온할 수도, 역동적일 수도 있지만, 어쨌든 우리는 나름대로 감당하면서 살아간다. 스스로 감각이 뛰어나다고 믿어라. 자신을 확신하는 여자는 눈빛으로 호소하고 매력으로 쟁취한다. 자신의 강점을 빛내는 스타일을 갖추고, 모든 것에 열정을 가지는 여자는 결코 늙지 않는다.

나는 여러분에게 자신의 삶을 '즐겁게, 품격 있게, 우아하게, 당당하게' 살 것을 당부한다. 우리는 살며 사랑하며 배우며 행복하게 살 권리가 있다. 자신을 사랑하는 것은 누구도 대신할 수 없다. 더욱 깊이 자신의 삶을 이해하고 강점과 약점을 있는 그대로 직면해야 한다. 죽는 순간까지 여자임을 포기하지 마라.

08

꿈이 있는
여자는 아름답다

할 수 없다는 말은 하고 싶지 않다는 말과 같다.
– 마야 안젤루 –

30대의 나는 미국에서 인테리어 소품 가게를 운영하던 워킹맘이었다. 아침에는 초등학교 1학년인 아들과 유치원에 다니는 딸의 등교 준비를 하느라 언제나 전쟁이었다. 더욱 긴장되는 일은 일하다 말고 아이들을 제시간에 데리러 가는 것이었다. 가게는 고객이 없다가도 마지막 한 사람이 그날의 매출을 올리는 경우도 있기 때문에 끝까지 영업시간을 잘 지켜야 했다. 그래서 아이들을 데리러 갈 시간이 다가오면 늘 조바심이 나 계속 시계를 보거나 차 키를 만지작거리기 일쑤였다. 그날도 여전히 숨이 턱까지 찰 정도로 서둘러 딸을 데려오던 길에 아이가 좋아하는 햄버거 집에 들러 겨우 숨을 가다듬고 있을 때였다.

"엄마, 앨리스는 바비 인형이 많은데 유치원에 매일 다른 바비 인형을 가지고 와. 진짜 예뻐. 나도 다른 인형 많이 갖고 싶어."

"그래? 이번 생일 선물로 사 줄게."

나는 별 의미 없이 대답했다. 하지만 또렷하게 대답하던 딸의 목소리는 아직도 잊을 수 없다.

"엄마는 돈이 많이 없는데… 아빠에게 허락받아야 하잖아? 아빠한테 물어 볼 거야."

네 살 딸아이의 사소한 말 한마디가 주는 울림은 강렬했다. 쿵하는 소리와 함께 왼쪽 가슴이 조여 오기 시작했다. 나는 유학 도중 결혼하며 학업을 포기하고 바로 장사를 시작한 지 오래지만, 남편이 직접 모든 돈 관리를 했다. 언제나 필요한 만큼 그때그때 돈을 받아야 했기 때문에 아이에게는 엄마도 용돈을 타야 하는 사람으로 여겨진 것이다.

느낀 대로 말하는 순진한 어린 딸의 말이 두려웠다. 딸이 여자는 엄마처럼 사는 것이라고 생각하게 될까 봐 끔찍했다. 어린 딸에게 나는 돈 한 푼 없는 무능력한 엄마였다. 시간을 쪼개어 일하며 열심히 살림까지 하는 슈퍼맘이 아니었다. 그날 이후 나는 열병처럼 '나는 누구지'라는 생각에 매달렸다.

나는 건망증에 걸린 사람처럼 왜 유학을 결심했었는지조차 떠올리지 못했다. 꿈이 없었던 때라 꿈을 어떻게 꿔야 하는지도 알수 없었다. 왜 나는 후회할 줄 알면서도 꿈을 그토록 쉽게 포기해 버렸을까?

딸의 한마디 덕분에 철저히 잊고 지내던 내 안의 거인이 깨어났다. 나는 예전처럼 다시 꿈꾸는 여자가 되고 싶었다. 딸에게 "나도 엄마처럼 멋지게 살고 싶어."라는 말을 듣고 싶었다. 그러기 위해서는 지금과 다르게 살아야 했다. 사느라 바빠 꿈을 생각해 볼 여유도 없었지만, 지금이라도 내가 할 수 있는 일이 있을 것만 같았다. 그렇게 방황하며 애를 태우던 어느 날, 세계적인 성공 컨설턴트 브라이언 트레이시의 문구가 내 가슴속으로 들어왔다.

"성공적인 모든 사람들은 가슴속에 큰 꿈을 품은 사람들이었다. 목표를 설정하지 않은 사람들은 뚜렷하게 설정한 삶들을 위해 일하도록 운명이 결정된다."

나는 그제야 누구의 꿈인지도 모른 채 주어진 역할에 안주해왔다는 것을 깨달았다. 30대 중반에 내 삶을 정면으로 바라볼 수조차 없다는 것은 그동안 '진실'을 외면했다는 뜻이다.

나는 딸의 한마디 덕분에 그동안 두 눈을 질끈 감고 두 귀는 닫아 버린 채 내 안의 분노와 슬픔을 외면했다는 사실을 알게 되었다. 나는 그렇게 소중하게 생각하던 현대무용 공부를 하지 못하면서도 그로 인한 상실감을 억지로 덮고 살았다. 그런 이유 때문인지 무언가를 시도하는 것을 꺼리게 된 것이다. 나는 다시 꿈꾸고 싶었다.

나는 중단했던 무용을 다시 시작하기로 했다. 대학에 복학하기로 결심하며 커뮤니티 칼리지에서 무료로 제공하는 영어 수업에 등록했다. '시작이 반'이라는 말처럼 영어 공부를 시작으로 내 꿈은 조금씩 드러나기 시작했다. 몸 훈련도 시작했다. 고객이 없는 틈을 타서 가게 빈 공간에서 스트레칭을 하고, 덮어 두었던 무용 학과 교재들을 읽었다. 복학을 위해선 작품 오디션이 필수이기 때문에 무용 연습을 해야 했지만, 당시에는 엄두도 낼 수 없는 상황이었기 때문에 철저히 독학을 했다. 가게에서는 작품에 사용할 음악을 듣느라 헤드셋을 귀에 꽂고 일하기도 하고, 집에서는 의자를 잡고 발레 바 운동을 연습했다. 그렇게 2년을 준비해 당당히 36세 아줌마 학생으로 다시 복학에 성공할 수 있었다.

하지만 꿈을 꾸고 나면 꿈꾸지 않을 때보다 힘들다. 익숙한 것과 결별해야 하며 수시로 불확실한 미래를 상상하며 차라리 포기할까 하는 생각이 수시로 든다. 잠도 포기해야 하고 집안일도 꿈꾸는 만큼 불어난다. 그럼에도 불구하고 꿈을 꾸면 이전과 모든 것이 달라진다. 나는 4년을 컴퓨터 앞에서 쪽잠을 잤고, 주말에는 여전히 가게에서 일했다. 내가 만약 꿈꾸는 여자가 아니었더라면 초인간적인 끈기가 생겼을까? 꿈은 독특한 재능을 가진 사람들만 이루는 특별한 설계가 아니다. 나는 꿈을 다시 꾸면서 강인한 여자가 되었다.

대부분의 여성들이 피할 수 없는 상황 때문에 일을 포기할 경우 100% 놓아 버린다. 하지만 나의 경우, "참고 살지 말고 하고 싶은 것을 하고 사는 여자가 되라."는 어머니의 말씀이 큰 역할을 했다. 내 안에 숨어 있던 열정을 다시 일깨우고 무엇이든 배우는 것으로 시작하자고 다짐했을 때, 새로운 삶이 보였다.

이제 나는 매일 새로운 사람들과 사업 미팅을 하고, 모든 일정은 100% 내가 원하는 대로 짠다. 떠나고 싶을 때는 언제든지 훌쩍 여행을 갈 수도 있다. 무엇보다도 딸에게 사 주고 싶은 것을 마음대로 살 수 있다. 더 이상 남편의 눈치를 보며 돈을 타서 쓰는 여자가 아니라 스스로 경제력을 가진 것이다. 그리고 열망했던 꿈도 이루었다.

이젠 불가능할 것만 같은 일이 생겨도 두렵지 않다. 꿈을 통해 자신의 인생 목표가 또렷하게 드러나기 때문이다. "큰 나무도 작고 가느다란 뿌리에서 시작된다. 10층 석탑도 작은 벽돌을 하나하나 쌓아 올리는 순간에서 출발한다. 천리 길도 한 걸음부터 시작이다. 마지막에 이르기까지 처음과 마찬가지로 주위를 기울이면 어떤 일이라도 탁월하게 해 낼 수 있다."라는 노자의 명언처럼 자신이 원하는 세상을 향해 뛰어들어라. 함부로 현실에 굴복한다면 남들이 바라는 인생을 살게 된다.

CHAPTER

2

여자의 10년을 되돌리는
자기경영 시크릿

'사모님'과 '아줌마'의 차이

머리부터 발끝까지 당신을 빛나 보이게 하는 것은 자신감이다.
- 헬렌 켈러 -

대한민국에는 '여자'와 '남자' 외에 '아줌마'라는 제3의 성이 존재한다. 아줌마는 억척스럽고 자신의 이익을 위해서는 무엇이든 우기는 강단 있는 사람이다. 전철 문이 열리자마자 뛰어가서 앉는다든가, 가방부터 멀리 던져 자리를 확보하기도 한다. 겨우 한 명이 앉기도 힘든 공간을 비집고 들어가서 차지하기도 한다. 왜 우리 여성은 세월이 흐를수록 이렇게 억척스러워지고 있을까? 살다 보면 어쩔 수 없다는 말도 이해하지만, 이대로 괜찮은 걸까? 나는 요즘 어떤 모습으로 나이 들어가야 할지에 대해 자주 생각한다.

나는 여자의 10년을 되돌리는 나만의 콘셉트를 만들어 내고 싶어졌다. 젊은 여성들이 '저 사람처럼 나이 들고 싶어'라고 동경

할 만한 이미지도 그려 보았다. 내가 상상한 나의 미래의 모습은 세월이 흘렀지만 여전히 소녀 감성을 지니고 우아하며 세련된 자태를 뽐내는 귀여운 소녀 할머니다. 당당하게 웃으며 삶의 주름을 숨기지 않고, 우아하게 아름다운 스타일을 간직한 여성 말이다.

어느덧 나도 50대 후반이다. 하지만 지금도 청바지에 가죽 재킷을 입고 롱부츠를 신고 여행을 떠난다. 하이힐을 신어도 흔들리지 않는 반듯한 자세와 날렵한 걸음걸이는 나이를 가늠하기 힘들다. 화장은 가볍게 하고 헤어스타일을 단장하는 데는 여전히 3분도 걸리지 않는다. 남편은 자신의 빠른 걸음과 행동을 무리 없이 맞추는 나에게 '청춘 같은 50대'라 치켜세우기도 한다.

남편에게 나는 중년도 아줌마도 아닌 매력적인 여자다. 여기에는 특별한 비결이 있다. 외출을 하건, 집에 있건, 일을 하건, 나의 몸가짐은 아침부터 빈틈없이 갖추어져 있다는 점이다. 물론 전혀 독특한 비결이 아니라 생각할 수도 있지만, 일상 속 꾸준함만큼 최고의 비결은 없다. 나는 여성들에게 '더 우아하게, 더 품위 있게, 더 아름답게' 자신의 하루를 정리하고 틈틈이 일탈을 즐기는 방법을 일상에서 찾을 것을 권한다. 나이 들수록 아름다운 여자의 매력은 일상의 모습에서 고스란히 묻어나기 때문이다.

실제로 많은 나이에도 여전히 현직에서 활동하고 있는 사람들은 모두 철저한 자기관리를 하고 있다. 세계 최고령 슈퍼모델 카르

멘 델로피체, 패션 디자이너 비비안 웨스트우드, 패션 디렉터 힐러리 알렉산더 등은 나이가 들어갈수록 고혹적인 모습을 보여 주고 있다. 이들의 평균 나이는 78세다. 그녀들의 공통점은 첫째, 운동을 습관화했고, 둘째, 건강하고 아름다운 여자로서 원하는 일을 계속할 것이라는 명확한 삶의 목표를 가졌다는 것이다.

이들은 모두 외모에 대한 긴장을 늦추지 않고 바른 체형을 유지하기 위해 자신을 가꾸었다. 그녀들의 저력은 '자신을 중심에 두고 생활한다'는 점이다. 스스로 한계를 만들거나 환경에 구속되지 않았다. 그리고 원하는 인생을 살기 위해 필요한 행동들을 일상 속 활동으로 늘 지켜왔다.《어떤 사람이 최고의 자리에 오르는가》의 저자 존 네핑저와 매튜 코헛은 이렇게 말한다.

"비언어적 기호들이 인간의 감정에 영향을 미칠 수 있다고 보는데, 신기한 건 자세 하나만으로도 좋은 감정을 일으킬 수 있다. 우아하고 아름다운 자태로 자신감 있는 태도를 보이는 여자는 나이를 가늠할 수 없을 만큼 치명적인 아름다움을 간직하고 있다."

처음 만났을 때 뭔가 달라 보이는 사람들을 자세히 살펴보면 자세가 다르다는 것을 알 수 있다. 자세는 첫인상을 바꿀 수 있는 가장 좋은 무기다.

면접을 보고 있는 여성으로 예를 들어 보자. 화려한 이력을 토대로 질문에 대한 답변을 할 것이다. 수많은 경쟁자들 속에서 몇 초 안에 판가름되는 자신의 이미지를 강렬하게 남기는 방법이 무엇일까? 단연코 반듯한 자세와 당당한 걸음걸이, 그리고 단정하고 정갈한 자태다. 구부정한 어깨로 자신 없이 앉은 여자와는 완벽한 차이를 느끼게 할 것이다. 이렇게 자세가 좋은 여자는 삶을 대하는 자세도 남달라 보인다는 인정을 받게 된다.

나 역시 늘 바른 체형과 바른 자세를 유지하기 위해 노력한다. 걸음걸이와 자세를 365일 관리하며 내면 못지않게 외면으로 보이는 이미지를 가꾼다.

아무리 비싼 명품을 입어도 그 옷의 가치를 완성하는 것은 자세다. 똑같은 옷을 입어도 유난히 눈에 들어오는 여자들이 있다. 자세가 스타일을 완성했기 때문이다. 누구에게나 외출할 때 자신의 스타일을 완성하는 최종 아이템들이 있다. 귀걸이로 마무리하는 사람, 향수를 뿌리는 사람, 스카프로 멋을 내는 사람처럼 저마다 독특한 취향들이 있다.

나의 최종 완성은 언제나 '자세 점검'이다. 나는 옷을 입기 전 1분 동안 전신 스트레칭을 한다. 다음엔 '아, 에, 이, 오, 우'를 세 번 반복하며 표정을 생기 있게 만든다. 또한 밝은 미소를 위해 혀로 양쪽 볼을 알사탕을 문 것처럼 크게 밀어낸다. 마지막으로 양어깨를 으쓱으쓱 올렸다 내린 다음 아주 크게 기지개를 편다. 이렇게 머리부터 발끝까지 자세와 안면 근육을 최고의 상태로 만드는 데 걸리는 시간은 1분 내지 3분이다. 하지만 이 잠깐의 동작들이 완성하는 스타일의 가치는 '사모님'과 '아줌마'의 차이를 만들어 낸다.

나는 외출복을 입은 후에 반드시 전신 거울로 앞모습과 뒷모습을 체크하며 마무리한다. 두 아이의 엄마로, 일하는 여자로서 반듯한 체형과 정돈된 모습을 만든다는 것은 쉽지 않지만 부지런하게 지키고 있다. 어떤 역할이든 내 삶의 중심에는 '우아하고 품위 있는 여자'로 살고 싶은 열망이 있기 때문이다.

자세는 가장 짧은 시간에 강력한 느낌을 남길 수 있는 무기다. 겉으로 보이는 모습보다 내면이 아름다워야 진정한 아름다움이라고들 말한다. 하지만 우리는 1분 안에 자기소개를 마쳐야 할 만큼 속도를 중시하는 사회에 살고 있다. 따라서 자세, 태도, 어투, 목소리까지도 스스로 관리하는 노력이 필요하다.

이렇게 여자의 자세는 내면과 외면을 포함하며 자태와 맵시를 만들어 낸다. 실제로 어떤 사람을 처음 대할 때 자세가 말보다 98% 이상 어필한다고 한다. 이미 각인된 이미지를 바꾸기는 결코 쉽지 않다. 몇 초 안에 각인된 이미지를 바꾸려면 몇 배에 달하는 시간이 걸린다. 좋은 자세는 결점도 보석처럼 바꿔줄 수 있다.

어떤 옷을 입어도 매력적이고 멋스러움을 유지하는 여자가 되기 위해서는 하루하루의 작은 노력이 쌓여 가는 것을 즐겨라. 유행을 쫓는 여자보다 표정, 자세, 몸짓, 헤어스타일을 정갈하게 가꾸는 여자가 매력적이다.

사람은 참으로 묘한 구석이 있다. 표정이 곱고 눈빛도 차분한 여자 앞에선 상대방도 자신의 태도를 재확인하게 된다. 그 사람의 태도와 느낌만으로도 무엇을 귀하게 여기는지, 삶의 가치를 어디에 두는지, 사람에 대한 존중과 배려가 있는지를 가늠할 수 있기 때문이다. 특히 면접이나 결혼을 앞두고 있거나 비즈니스 프레젠테이션과 같이 짧은 시간 안에 자신을 알려야 하는 여성들은 가장 먼저 올바른 자세부터 연습하는 것이 좋다. 우아하고 탄력 있는 자세는 말하지 않아도 품격을 발휘한다.

자세는 자신이 어떤 사람인지 말해 주는 '이미지 커뮤니케이션'이다. 다른 사람들이 사는 법, 남들이 환호하는 스타일, 타인이 좋다는 것을 쫓아가며 내 인생의 소중한 시간을 낭비하지 마라. 사람은 외면과 내면이 조화로울 때 가장 빛난다. 지금 당장 생활 패턴을 정리해 보자. 당당한 자세, 자신 있는 몸짓, 자꾸만 생각나는 밝은 표정, 온몸에 흐르는 맵시를 일상 속에서 가꾸어 보자.

02

인생을 설계하듯
자신을 가꿔라

'신비감'의 위대한 점은
이것이 이성이나 예상을 뛰어넘는다는 점이다.

– 케빈 로버츠 –

옛날에는 기품 있는 여자가 되기 위해 다섯 가지 '씨', 즉 마음씨, 맵시, 말씨, 글씨, 솜씨를 갈고닦았다고 한다. 맵시는 외모이며, 말씨는 언변이다. 글씨는 문장이며, 마음씨는 인격, 솜씨는 재주를 말한다. 요즘으로 말하면 미인의 조건이다. 표현 방법이 바뀌었을 뿐 내면의 아름다움 못지않게 자신을 가꾸는 여자의 노력은 옛날이나 지금이나 별반 다르지 않다. 그런 면에서 현대 여성으로서 우리도 이 다섯 가지 '씨'를 기본으로 자신을 보석처럼 가꿔야 한다.

나는 한때 곱던 모습은 온데간데없이 삶을 버텨온 이미지가 뚜렷했던 적이 있었다. 일상이 바빠지면서부터 헤어스타일은 질끈 묶을 수 있는 긴 머리를 선호했다. 바쁜 생활에 끌려 다니느라 외모에 대한 관심은 줄어들었다. 마음은 간절했지만 외모를 가꾸는 것은 사치라며 스스로 포기한 적도 있었다. 이런 나에게 어머니는 꾸준한 자기관리로 아름다움을 표현하는 것은 여자의 특권이라며 질색하셨다. 사람들을 만나면 "얘가 옛날엔 예뻤는데 요즘 완전히 아이 엄마가 되었어요."라고 굳이 설명을 덧붙이셨다. 그만큼 어머니는 딸의 외모가 급격하게 바뀌는 것에 대해 불만이 많으셨다.

"우리 때는 삼시세끼 밥 짓고 손빨래해 가며 아이들 키우느라 내 몸 하나 버티기도 힘들었지만, 지금은 얼마든지 맵시 있는 여자로 아이를 키울 수 있지 않니? 여자의 아름다움은 미리미리 준비해야 해. 너처럼 급하게 아줌마가 되면 나중에 후회가 크다. 미인은 평소에 부지런해야 되는 거야."

다행히 나는 극적으로 달라지기 전에 원하는 모습으로 바꿀 준비를 시작했다. 가장 먼저 별 볼일 없이 쌓아두었던 잡동사니를 정리했다. 엉덩이를 덮어 주던 헐렁한 셔츠와 해묵은 가방들을 과감하게 버렸다. 옷은 계절별이 아닌 소재별로 정리하고, 바지, 치마, 셔츠는 구분 없이 색상별로 수납했다. 설레지 않거나 언젠가 입으려고 보관만 해 놓던 옷을 버리는 것만으로도 내게 필요한 것이 무엇인지 정확하게 알게 되었다. 여자의 스타일과 자태는 외부에서 만들어지는 것이 아니라 내 생각대로 바꿀 수 있다는 것이다.

앞으로 살아갈 날이 얼마나 많은데 벌써부터 자신을 방치한단 말인가? 나는 옷장을 정리하는 동안 눈부시게 아름다운 나를 상상해 보았다. 사람들에게 좋은 평판을 받을 수 있는 인상적인 자태로 나를 가꾸고 싶었다. 당시 나에게 영감을 주었던 스타일은 '무심한 듯 세련된 자연스러움'이었다. 영화 〈사랑할 때 버려야 할 아까운 것들〉의 여주인공 다이앤 키튼의 하얀색 니트와 자연스러운 헤어스타일이 내가 원하는 콘셉트와 잘 맞았다. 그녀가 아름다웠던 이유는 과하지 않은 화장과 미니멀 패션뿐만 아니라 예뻐 보이려고 노력하지 않는 당당한 자신감 덕분이었다. 만약 그녀가 짙은 화장과 보석으로 치장하는 여성이었다면, 자연스러움 속에 지성을 내뿜는 매력은 없었을 것이다.

여성의 진정한 아름다움을 최대한 끌어내기 위해서는 '외면'과 '내면' 모두 가꿔야 한다. 그리고 이것을 확실하게 만들기 위해서는 두 가지를 확실하게 인지하고 있어야 한다. 첫째, 꾸준한 자기 관리로 아름다워 보이는 삶을 표현할 수 있는 것은 여자의 특권이라는 점, 둘째, 어떤 스타일로 사람을 대할지를 생각하고 그에 맞게 자신을 갖추는 성의는 타인에 대한 최소한의 예의라는 점이다. 하지만 이러한 관점에 대해서 이야기할수록 자주 '외모지상주의'와 동일한 뜻으로 잘못 전달될 때도 있다. 하지만 내가 확실히 아는 것은, 이러한 잘못된 생각은 멈춰야 한다는 것이다.

패션지 〈보그〉의 편집장 안나 윈투어는 새벽 5시에 일어나 테니스로 하루를 시작한다고 한다. 완벽한 메이크업과 헤어스타일을 완성하고 출근하며, 무서운 집중력으로 하루 일과를 끝내기로 유명하다. 영화 〈악마는 프라다를 입는다〉의 실제 모델로 더욱 유명한 그녀는 절대로 술을 마시지 않으며, 밤늦게까지 파티에 있는 법이 없을 정도로 철저한 관리를 하고 있다. 안나 윈투어의 헤어스타일을 보면 그녀가 얼마나 부지런한지 알 수 있다. 그녀를 보면 어떠한 상황에서도 긴장을 늦추지 않는 프로의식을 느낄 수 있다.

자신의 인생에 영향을 주는 스타일을 결정할 때는 진지하게 임해야 한다. 외모를 인생을 살아가는 데 제일 중요한 것으로 보는 태도는 위험하다. 하지만 자신이 어떤 모습으로 비춰지는지에 대해 생각하고 늘 예의를 갖추는 여성은 아름답다. 나는 여성자기경영스쿨에서 참여자들에게 '자신만의 정체성'을 만드는 스타일을 찾으라고 말한다. 가령, 명품매장의 상품들은 내가 스타일을 내기보다 만들어진 그대로 입어야 하는 경우가 많다. 자신의 개성을 살리지 못한다. 하지만 어떤 스타일이든 독특한 의상과 액세서리로 자신만의 개성을 나타내는 여성은 자꾸만 돌아보게 된다.

어떤 모습으로 사람을 대할지를 생각하고 자신의 외모를 단정하게 꾸미는 일을 소홀히 하지 말자. 특히 품위 있고 단정한 말씨는 다른 사람에 대한 존중을 표하는 태도다. 여자의 스타일과 자태는 옷차림뿐이 아니다. 생기 있는 피부, 조화로운 헤어스타일, 반듯한 자세, 우아한 지성과 인성까지 종합적으로 이루어지는 것이다.

그렇다면 어떻게 인성과 지성이 묻어나는 자태를 가꿀 수 있을까? 자신의 생각을 깔끔하게 정리하는 습관으로부터 시작된다. 외모만큼이나 정신적 수행도 병행하는 여성의 자신감은 강렬하게 남기 때문이다. 영국의 소설가이자 시인인 데이비드 로렌스는 이렇게 말했다.

"사랑을 찾아 나서는 사람은 사랑이 부재함을 드러낼 뿐이다. 사랑이 없는 자는 결코 사랑을 찾을 수 없고, 오직 사랑하는 자만이 사랑을 찾을 수 있다. 그들은 절대로 사랑을 찾아 나설 필요가 없다."

나는 매일 아침 일어나면 침대 옆에 둔 손거울을 보며 이렇게 말한다.

"사랑합니다. 감사합니다."

거울에 비친 자신의 모습을 존중하고 그 모습을 어루만지는 정성을 보여라. 인성과 지성이 빛나는 자태는 이렇게 자신을 사랑하는 태도로부터 시작된다. 명품을 입는 것이 아니라 명품 마인드를 가지는 것부터 시작하자. 그러기 위해서는 외모만큼이나 자신의 생각과 마음을 잘 대하는 노력을 멈추지 않아야 한다. 당신의 마음은 자연이 만든 가장 완벽한 영상이기 때문이다.

이렇게 외모는 자신의 생활에 대한 가치관을 보여주는 내면과 그 가치관을 완벽하게 표현한 외면이 일치될 때 더욱 빛이 난다. 외모란 그저 겉치레를 좋아하는 사람들의 허영이 절대 아니다. 외모는 세상을 살아가는 태도와 남들과 교류하면서 배우는 인생의 지혜가 묻어나면서 빛이 나는 법이다. 자신의 외모를 자신의 삶처럼 다듬어 보자. 사람들이 더 빨리 나를 알아보고, 또 보고 싶어지는 사람으로 오랫동안 기억에 남을 것이다. 인생도 외모만큼 멋지게 연출할 것 같은 신뢰감이 생기기 때문이다.

나만의 정체성을 때로는 깐깐한 안목으로, 때로는 무심한 듯 시크하게 표현할 줄 안다면 세월도 비껴갈 수 있다. 적어도 외모의 멋진 탐구에 내면과 외면을 포함시킴으로써 자신을 더 특별한 존재로 실감케 하는 데 성공할 것이다.

진정한 아름다움을 만들어 내는 구체적인 방법을 알고 싶다면 나의 휴대전화 010.9700.8060으로 연락해 보길 바란다. 자신을 귀하게 여기고 인생을 성장시킬 수 있는 방법에 대해 함께 논의해 볼 수 있다.

03

나보다 어린 여자와
경쟁하지 마라

꽃은 꽃 그대로가 아름답다. 당신도 자신 그대로가 아름다움인데,
왜 다른 사람에게서 당신을 찾으려 하는가?
– 틱낫한 –

내가 마흔 살에 첫 직장생활을 시작했을 때, 상사는 화려한 미
모를 자랑하는 싱글 여의사였다. 30대 중반이었던 그녀는 주말에
는 가족과 골프를 즐길 정도로 여유로운 생활을 하고 있었다. 직
장에는 그녀를 부러워하는 청춘들이 많았다.

병원이라는 직장이 무척 낯설었던 나는 점심시간에도 업무를
볼 정도로 센스 없는 팀장이었다. 어느 날 그녀가 느닷없이 사무
실로 찾아왔다. 그 당시 6명의 팀원들과 함께 책상을 나눠 사용하
는 환경이었는데 나도 모르게 그녀 앞에서 작아지며 위축되었다.

"팀장님, 점심 같이 하실래요? 오늘 제가 멋진 곳으로 예약해
두었어요. 그런데, 팀장님이 너무 열심히 하면 팀원들이 불편한 거
아시죠? 처음이라 잘 모르시나 봐요. 여기 어린 직원들 시키세요."

2분도 채 되지 않은 방문에 나를 포함한 7명은 부동자세로 서 있었다. 그녀의 한마디에 팀원들은 일제히 서로 쳐다보며 내 눈치를 살피기 시작했다. 나는 그제야 직장이 돌아가는 이치를 몰랐을 뿐 아니라, 남들이 나를 보는 시선이 어떤지도 눈치 채지 못했다는 것을 알게 되었다.

그녀는 나와 점심식사를 함께하며 밝고 예의 있는 목소리로 이렇게 말했다.

"팀장님. 외국생활을 오래 해서 그러신 것 같은데 한국은 직급따라 움직여야 해요. 너무 일찍 출근해서 팀원들을 불편하게 하거나 늦게까지 일하면서 책상을 지키고 있는 것도 좋지 않아요. 나도 처음 입사했을 때 늦게까지 업무를 처리한 적이 많았는데 결코 환영받지 못했어요. 그냥 맘 편하게 먹고 느슨하게 일하세요."

그녀는 식사를 마치고도 오후 진료가 없다며 상당히 오랜 시간을 병원생활에 대해 알려 주었다. 그날 이후 나는 긴장을 풀고 모닝커피를 즐길 정도가 되었다. 그녀는 나보다 어렸지만 훨씬 센스 있고 열린 자세로 일하는 베테랑이었다. 나중에 우리는 여성으로 일하며 느꼈던 경험담까지 스스럼없이 이야기하며 서로 의지하는 동료가 되었다.

마흔 살에 첫 직장생활이었던 만큼 몇몇을 제외하고는 거의 나보다 어린 사람들이었다. 부서 이동을 할 때마다 나는 늘 먼저 존칭을 사용했고 곧 전혀 어색하지 않을 정도로 익숙해졌다. 만약 나보다 어린 상사의 조언을 부정했거나 편견을 가지고 대했더라면, 직장생활은 순탄하지 못했을 것이다. 하지만 운 좋게 사람을 대하는 태도가 멋진 상사의 도움을 받았고 서로 경험도 나누게 되었다. 선입견 대신 그녀의 친절을 기분 좋게 받아들인 나의 직장생활은 '선망과 질투'가 아닌 '기쁨과 공감'으로 바뀌게 되었다.

영화 〈인턴〉에서 일흔 살의 남자 주인공이 온라인 여성 패션 회사에 인턴으로 지원하며 자신을 소개하는 영상을 만들 때 이런 말을 한다.

"뮤지션은 은퇴하지 않는다는 기사를 읽은 적이 있어요. 더 이상 음악이 떠오르지 않을 때까지 계속하기 때문이라고 합니다. 내 마음 속에도 아직 음악이 흐르고 있다는 것을 확신하고 있어요."

처음에는 일흔 살짜리 인턴에 대한 인식이 없었던 30대 여성 CEO는 점차 그에게서 젊은 친구들에게는 없는 '연륜의 고귀함'을 경험하게 된다. 20대, 30대 직장 동료들은 그로부터 컴퓨터에 얽매이지 않고 서로의 눈을 바라보면서 진실한 인간관계를 형성하는 태도를 배우게 된다. 나는 서로 다른 세대이지만 배울 점을 인정하고 함께 격려하는 모습을 보며 영화 속 인물들이 무척 부러웠다. '음악이 떠오르지 않을 때까지 계속 작품을 만드는 뮤지션처럼, 우리도 삶에서 계속 뭔가를 만들어 낼 수 있다'라고 생각하는 주인공도 닮고 싶었다.

　나는 요즘 모임에서 "나이 먹었나 봐.", "지쳤어." 또는 "나이들어 보여서 사진 찍기가 싫어."라고 말하는 사람들을 자주 본다. 누구나 그렇듯 혹여 뒤처질까, 낙오하면 어쩌나 불안해하며 앞만 보고 달리다 갑자기 허탈해진 것 같다. 그렇다고 넋두리만 하고 있을 수는 없다. 어차피 나이를 먹는 것은 자연의 이치다. 흘러가는 세월을 잡을 수 없는 것처럼 다른 생각이 필요한 시기에 불과하다고 생각해 보자.

　나는 '스스로 자신을 어떻게 평가하는가에 따라 다른 인생을 살게 된다'라고 믿는다. 나이 들어간다는 것은 그동안 도저히 벗어 던질 수 없던 짐을 과감하게 떨쳐내는 것 아닐까? 다시 말해 자신의 삶에서 어떤 부분은 놓아 주는 연습이 필요한 때다. 우리는 살면서 조금 돌아가기도 하고 오래된 꿈을 놓지 못해 시간을 흘려보내기도 한다. 하지만 그런 시간이 없었더라면 진정으로 원하는 삶이 무엇인지 여전히 알지 못했을 것이다. 나이든 사람은 확실하게 청춘은 아니다. 그러나 청춘들에게 인생의 단단한 초석이 되는 길을 잘 선택할 수 있도록 돕는 사람이라면 멋질 것이다. 영화 〈인턴〉 속 일흔 살의 인턴은 이렇게 말한다.

"손수건을 가지고 다니는 이유는 빌려 주기 위함이야. 예의 바른 시대의 마지막 흔적이지."

누구나 '왜 진작 그 길로 가지 않고 빙빙 돌며 시간낭비를 했을까' 하는 후회를 할 때가 있다. 하지만 인생의 비밀은 직접 가보지 않고서는 도저히 알 수 없다는 데 있다. 흐르는 시간 속에서 겪은 체험들, 함께 살아오며 알게 된 사람들, 그리고 그때마다 느꼈던 감정들은 결코 후회할 일이 아니다. 흐르는 시간 속에서 인생의 진실과 거짓을 구분하게 되는 연륜이 쌓이기 때문이다.

나이 들수록 새로운 삶에 도전해 보자. 영화 속 일흔 살 인턴처럼 '연륜의 고귀함'을 경험하게 해 주는 인품을 갖춘 여성으로 성장한다면, 매 순간 즐겁게 살 수 있을 것이다. 빈티지의 신비로운 매력과 연륜에서 빛나는 고귀함으로 당당하게 달리자.

똑같은 상황도 어떻게 생각하느냐에 따라 다르게 보인다. 새로운 도전에 대해 누군가는 비웃고 누군가는 격려할 것이다. 하지만 기회 앞에서 소심하게 망설이거나 나보다 어린 여자와 경쟁하지 마라. 능력만큼 인정받지 못하더라도 포기하지 않고 도전하는 여성이 더욱 아름답다. 젊은 친구들의 시작도 나이든 사람의 시작도 모두 아름다운 도전이라는 점도 여기에 있다.

04

옷을 제대로 입어라

스타일을 가지는 것은 중요하다. 그것은 삶의 방식이다.
– 다이애나 브릴랜드 –

여자에게 옷은 삶의 일부다. 옷은 내면의 아름다움을 겉모습으로 표현할 수 있는 최상의 도구다. 옷을 잘 입는다는 것은 사치와는 다르다. 좋은 식재료로 요리를 하고 가장 아름다운 그릇에 담아내는 과정과 같다.

병원 홍보 일을 할 때의 일이다. 외국 병원 관계자들의 컨퍼런스가 종종 진행되었고, 그럴 때마다 홍보팀은 촬영, 보도자료 배포, 의전 등과 같은 일로 바빴다. 저녁만찬이 있는 날은 찰싹 붙어 밀착 경호하는 보디가드를 연상케 했다.

어느 날 해외경영 팀에서 전화가 왔다.

"오늘 와인 디너 행사에 참석하시라는 지시입니다."

파트너가 될 외국 메디컬 회사의 여성 대표가 병원 방문 때 몇 번 안면이 있었던 내게 호감이 있다는 것이다. 하지만 옷이 문제였다. 입고 갈 만한 옷이 없었다. 당시 내 월급은 언론홍보 최고위과정 등록비와 언론홍보대학원의 등록금으로 모두 빠져 나갔던 시기라, 잠깐 식사에 참석하기 위해 옷을 사는 것은 낭비로 느껴졌다. 나는 급히 동대문 패션몰에서 옷을 샀다. 하지만 청바지에 셔츠만 입던 나에게 화려한 원피스는 남의 옷처럼 어색하기만 했다.

행사가 시작되고, 처음에는 홍보이사로 특별한 공을 세운 것 같은 느낌까지 들며 우쭐해졌다. 그러나 얼마 뒤, 후줄근한 원피스는 남들과 비교되는 것 같았고 그 옷을 입은 나의 행동은 자연스럽지 못했다. 나의 모습은 너무나 어색하고 자신감이 없어 보였다. 사람들이 오늘 달라 보인다며 칭찬을 하면 바보처럼 "시장에서 산 싸구려 옷이에요."라는 말만 반복했다.

나는 테이블 건너편에 있는 여성 대표의 머리부터 발끝까지 훑어보며 그녀의 당당하고 멋진 모습에 점점 작아지는 나를 느꼈다. 그녀도 나를 찬찬히 훑어보는 것 같았다.

'오늘 같은 날엔 명품 옷을 입어야 했나? 모든 게 옷 때문이야.'

나는 저녁 내내 나의 옷과 구두와 화장이 초라하다는 생각에 사로잡혀 있었다. 그러느라 정작 해야 할 말도 제대로 못한 채 중요한 것을 놓치고 말았다.

평소에는 자신을 드러내는 다양한 스타일을 연출하는 데 일가

견이 있었지만, 그날 나는 자연스러움을 잃은 채 마네킹처럼 앉아 있었다. 옷을 입을 때 자연스러움을 잃는 것을 경계해야 한다는 교훈을 얻게 된 시간이었다.

옷을 자신에게 잘 어울리게 연출하는 사람을 우리는 '스타일이 좋다'고 말한다. 스타일이 좋은 여성의 첫인상은 단연코 차려입지 않은 여성에 비해 호감도가 높다. 이렇게 여성에게 있어 옷이란 자신의 취향과 내면까지 나타낼 수 있는 중요한 패션 도구다. 아무리 몸매가 좋고 외모가 출중해도 옷을 제대로 입을 줄 모르는 여자는 둔해 보인다. 그래서 사람들은 멋지게 차려 입은 여자를 보면 스타일이 좋다며 매력을 느낀다. 자신을 정갈하게 관리하고 빛나게 하는 방법을 아는 감각 있는 여자로 인식되기 때문이다.

겉모습은 우리가 어떤 사람인지, 삶을 대하는 자세가 어떤지 상대에게 알려 주는 첫 신호다. 가장 자신다운 모습을 연출할 수 있도록 시간을 투자하는 것이 중요하다. 나는 마흔 살에 직장인이 되고 난 후 무엇이든 100% 완벽하게 잘해 내고 싶은 욕심이 많았다. 교육부서의 팀장으로 발령받으면 바로 직장인 전문 교육 센터에 등록해 공부하고, 홍보팀으로 발령이 나면 언론홍보대학원부터 최고위과정까지 다니며 노력했다. 최근 나는 '스스로 스타일링하기'에 완전히 빠져 있다. 자신을 어떻게 연출하느냐에 따라 품위가 결정되는 것이 게임처럼 재미있다.

자신을 차별화시키고 세련된 매너와 상대의 고정관념까지 깨어 버리는 여성들은 자신의 이미지를 만드는 공부를 하고 있다. 스스로 비싼 옷이나 장식품보다 내면에 충실해야 한다고 믿고 옷에 대해서도 자신의 분명한 철칙을 갖고 있다. 그들은 옷을 위한 예산도 미리 세워 둔다. 원하는 옷과 필요한 옷을 구분해 비용을 절감할 수 있기 때문이다. 원하는 옷은 일상 중 자신을 빛나게 하는 스타일이며, 필요한 옷은 격식 있는 자리에서 입을 스타일이다. 이제부턴 옷을 사기 전에 옷장 속을 확인해 보고 쇼핑을 하자. 평소에도 가지고 있는 옷들을 미리 구분해 두면 즉흥구매의 유혹도 물리칠 수 있다.

그런데 자신을 빛내 줄 세련된 스타일을 잘 모르는 여성들이 많다. 유행을 쫓아다니다 자신의 모습을 망치는 여성들을 보면 안타깝다. 구두에 양말을 신는 스타일이 유행이라며 종아리가 두껍고 다리가 짧은데도 굳이 레이스 양말을 신는 것은, 전체를 보지 않고 부분만 보는 행동이다. 최상의 스타일을 원한다면 머리부터 발끝까지 살펴보아야 한다. 자신에게 어울리는 스타일로 옷을 잘 입는 여자가 되기 위해선 틈틈이 다양한 시도로 전체를 보는 안목을 키우는 것이 좋다.

가령, 스카프를 목에 감고 가슴방향으로 내릴 것인지, 한쪽 어깨 위로 묶을 것인지 다양한 스카프 연출을 연습하면 자신에게 어울리는 스타일을 찾을 수 있다. 휴대전화로 사진을 찍을 때 카메라 렌즈의 각도만 살짝 바꿨을 뿐인데 스스로 믿기 힘들만큼 예쁘게 찍힌 사진들이 있을 것이다. 옷에도 사진처럼 '얼짱 각도'가 있다. 앞서 말했듯이, 남들에게 어울리는 스타일이 나에게도 어울릴 확률은 거의 없다. 꾸민 듯 꾸미지 않은 자연스러움은 자신의 표정, 자세, 미소, 말투, 몸매에 가장 적합한 스타일로 연출할 때 빛난다.

나는 평소 패션잡지를 많이 참고한다. 옷을 찾는 것이 아니라 색 배합을 참고하기 위해서다. 계절에 따라 연출한 화보의 색감을 참고하며 나에게 가장 잘 어울리는 대표적인 컬러를 찾아 사진으로 저장한다. 그리고 옷을 구매할 때 사진의 컬러 위주로 먼저 맞추어 본다. 내가 지키는 패션 원칙 중 하나는, 3월부터 5월까지는 거의 검정색을 입지 않는 것이다. 봄에는 파스텔컬러로 변화를 주며 계절과 어울리는 패션을 연출한다. 자신의 얼굴형에 어울리는 넥라인, 피부색에 어울리는 색, 그리고 체형에 맞는 스타일을 메모해 두자. 때와 장소 그리고 상황에 맞는 옷을 입을 줄 아는 여자는 사회생활에서도 훨씬 우월하다.

남의 눈을 위해서든, 나 자신을 위해서든, 너무 과한 치장은 하지 않는 것보다 못하다. 굽이 높은 구두를 신고 뒤뚱거리며 걷는 여자를 매력적으로 바라볼 사람은 없다. 옷을 제대로 입는다는 것은, 자신의 몸이 자연스럽게 느껴지는 실루엣과 내면이 느껴지는 표정과 미소로 완성하는 것이다. 살아 있는 한 나만의 스타일을 쟁취하는 여성이 되어 보자.

05

좋아하는 일을
경제력의 기초로 삼아라

사람들이 꿈을 이루지 못하는 한 가지 이유는
그들이 생각을 바꾸지 않고 결과를 바꾸고 싶어 하기 때문이다.
– 존 맥스웰 –

당신은 지금 좋아하는 일을 직업으로 정했는가? 또는 하고 있는 일 자체를 좋아하고 있는가? 우리는 늘 이런 의문을 자신에게 던진다. 그러나 세상에는 좋아하는 일을 직업으로 가진 사람보다 오히려 일 자체를 즐겁게 하다 보니 자신도 모르게 그 분야로 빠져 든 사람들이 더 많다.

자신의 삶을 계속 성장시켜 온 사람들은 대부분 "처음부터 쉽고 재미있는 일만 한 것이 아닙니다. 어려운 일도 하다 보니 두각을 나타낸 적도 있고, 한심한 생각이 들어도 새로운 과제를 풀어가는 과정으로 삼고 일 자체를 즐겼어요."라고 말한다. 무슨 일이든 처음부터 자신이 좋아하는 일을 하게 되는 사람은 극히 드물다.

미국에서 인테리어 소품 비즈니스를 할 때였다. 처음에는 너무 쑥스러워 손님이 오면 내가 손님인 척하기 일쑤였다. 대학에서 경영을 전공한 것도 아니고 다른 사람들에게 비즈니스를 배운 적도 없이 경제 활동을 해야 하는 상황과 맞닥뜨리게 되었던 것이다. 물론 처음 대하는 고객과 대화하기도 두려웠고, 무엇을 판매해야 하는지도 몰랐다. 맨 처음으로 대한 고객 앞에선 긴장한 나머지 유리 상품을 바닥에 떨어뜨려 깨기도 했다. 나 자신이 한심하고 한없이 작아지는 슬픈 기분마저 들었다.

나는 다시는 실수하지 않기 위해 상품에 대한 정보를 모두 외웠다. 그러자 고객의 개성이 눈에 들어 왔고 그들에게 맞는 제품을 권하는 세일즈 감각도 익히게 되었다. 이후부터 고객들이 자신의 집에 맞는 거울, 벽장식, 소품을 상담하기 시작했고, 나는 '공간 인테리어의 달인'으로 소문나기 시작했다.

그들이 직접 찍어온 사진을 두고 가면 나는 인테리어 서적을 참고하며 몇 시간씩 고민했다. 그리고 마치 내 공간을 꾸미듯 상상해 보고 그 공간에 맞는 음악까지 선택해 상담해 주었다. 만약 내가 좋아하는 일만 받아들였다면, 여성 사업가로서 출발하지 못했을 것이다. 지금도 내 인생의 가장 큰 지식 창고는 다양한 종류의 비즈니스를 할 때의 현장 체험들이다.

병원 홍보 일을 시작했을 당시에도 비슷한 상황이었다. 그 전까지 나는 이 분야 일을 계획한 적도 없을뿐더러 우연히 경험해 본 적도 없었다. 경험은 고사하고 하루 10시간 이상을 한 장소에서 무용작품만 연습하던 시절을 보낸 나는 처음에 낯가림을 할 정도였다. 그런데 3개월 정도 지나자 다양한 사람들의 이야기를 듣는 일이 즐거워졌다. 지나고 보니 나는 이 일을 거의 9년이 되도록 하고 있었다.

나는 강의에서 이런 질문을 많이 받는다.

"어떻게 아직까지 일을 할 수 있죠? 특별한 비결이 있나요?"

"아이들이 다 크고 나니 딱히 뭘 해야 할지 모르겠어요. 제가 뭘 할 수 있을까요?"

"선생님처럼 나이 들어서도 일하고 싶어요. 방법을 알려 주세요."

사람들은 아직도 현장에서 좋아하는 일을 하며 돈을 벌고 언제든지 훌쩍 여행을 떠날 수 있는 내가 부럽다고 한다. 그때마다 나는 포기와 끈기를 반복했기 때문이라 말한다. 시행착오를 겪을 때는 빨리 실수를 인정하고 상황을 포기하고 다시 시작하면 된다. 무엇이든 한걸음에 이루는 것은 없다. 하지만 꾸준히 새로운 일에 도전하다 보면 자신도 모르는 사이에 프로가 될 수 있다. 감당하기 힘든 일을 잘해 낸다면 자신을 강인하고 당당한 존재로 만들 수 있다.

나에겐 아주 특별한 젊은 여성 CEO 꿈맥이 있다. 바로 베스트셀러 작가이자 1인 기업 임마이티 컴퍼니를 운영 중인 임원화 대표다. 대학병원 중환자실 간호사였던 그녀는 삼교대 근무로 하루하루 지친 일상을 보내고 있었다. 학자금 대출을 갚고 병원 기숙사에서 독립할 비용을 대느라 월급의 많은 부분이 은행 대출이자와 카드값으로 빠져나가던 평범한 직장인이었다.

임원화 대표는 직장생활을 하는 동안에도 끊임없이 자기계발을 했다. 신규 간호사 시절 자살 위기까지 겪었지만 치열한 몰입 독서로 버티며 자신을 찾기 위한 노력을 했다. 독서의 힘으로 자존감을 회복하면서 미래에 대한 생각을 하게 되었고, 책을 쓰기로 결심해 행동에 옮겼다. 그녀는 병원에서 삼교대 근무를 하면서도 병원 CS(고객만족) 강의와 책 집필을 병행했다. 1년 6개월이 넘도록 4시간 이상 잠을 잔 적이 없다고 한다. 목표를 향해 치열하게 도전한 것이다. 그 결과 스물아홉 살의 나이에 안정적이었던 직장을 나와 자신의 인생을 180도 탈바꿈시키는 데 성공했다.

임원화 대표는 직장이라는 온실을 벗어나 세상을 향해 뛰어든 대표적인 1인 기업가다. 그녀는 자신의 스토리를 활용해 많은 사람들을 변화시키고 있다. 베스트셀러 《하루 10분 독서의 힘》을 시작으로 이미 10권이 넘는 책을 출간했고, 강연, 코칭, 컨설팅, 집필 등으로 바쁜 하루를 보내고 있다. 그녀는 안정적인 직장에 안주하지 않고 책을 써서 새로운 인생 2막을 개척했다. 그 결과 책을 쓰고 사람들과 소통하는 일, 즉 자신이 좋아하는 일을 잘하는 일로 만들며 시간적, 경제적 자유를 빠르게 달성해 가고 있다. 좋아하는 일을 경제력의 기초로 삼아 빠르게 자아실현을 하며 선한 영향력도 미치고 있는 것이다.

처음부터 자격증이 있다거나 전공한 사람들과 경쟁하는 일이 쉽지 않다. 하지만 좋은 결과는 끝에 오는 법이다. 시작할 때는 그들이 특혜가 많은 것 같지만, 성공은 결과를 만들어 내는 사람이 차지한다. 우리 주변을 둘러보면 처음에는 뜨거운 열정으로 쇠도 녹일 것처럼 닳아 오르는 사람들이 많다. 하지만 곧 식어 다른 일을 찾아 돌아다니는 것을 볼 수 있다. 성취의 경험을 쌓기도 전에 철새처럼 날아다니는 사람은 자신이 잘하는 일이 무엇인지 체험해 보지 않았기 때문에 돌파구를 찾기 힘들다. 도리어 출발점이 어디든 끝까지 인내하는 사람들이 가능성의 한계를 뛰어넘는다.

좋아하는 일을 하기 위해서는 하기 싫은 일을 하는 것이 먼저다. 모든 일에는 순서가 있다. 하기 좋은 일은 절대 쉽게 내 앞에 나타나지 않는다. 좋아하는 일은 다양한 경험을 통해서만 찾을 수 있다. 경험하는 과정과 결과에 따라 스스로 재능을 파악할 수 있기 때문이다. 수많은 체험이 쌓여야 비로소 내가 좋아하는 일, 나만의 재능을 알아 볼 수가 있다. 자수성가해 경제력을 가진 여성들의 공통점은 처음부터 좋아하는 일을 하지 않았다는 것이다. 원하는 삶을 살기 위해 일을 했고 그 돈을 모아 자기계발에 투자했다. 원하는 삶을 살기 위한 길을 갈 수 있도록 노력한 것이다.

나는 그동안 많은 시행착오를 겪으면서 한 가지 사실을 깨달았다. 하고 싶은 것은 없고 두려운 것만 많을 때가 가장 비참하다는 것이다. 다양한 방면으로 비슷비슷하게 잘하는 사람들은, 오히려 자신이 잘하는 것을 찾기 어렵다고 말한다. "나는 무엇 하나 제대로 하는 게 없어요. 기웃거리기만 한다고 가족들이 믿어 주지 않네요."라고 자신 없어 한다. 하지만 조금씩 나아지는 작은 행복을 무심히 넘기지 않아야 한다. 주위에서 그만두고 쉬라고 권하면 조금씩 이루어 가는 내가 자랑스럽다고 말하라.

미칠 만큼 좋은 느낌을 알게 되는 좋은 끝은 반드시 온다. 진정한 재능은 끝까지 포기하지 않을 때 발현된다. 만약 자신의 능력 없이 타인의 도움만으로 꿈을 키우고 있다면, 지금 당장 태도를 바꿔라. 내 삶을 변화시킬 수 있는 단 한 사람은 바로 자기 자신이다. 자신이 보고 싶은 세계로 자유롭게 행진하며 살고 싶다면 지금부터라도 경제력을 키우는 여성이 될 준비를 하자. 아무리 예쁜 화초도 주인이 가꾸는 방법을 알아야 죽지 않는다. 여성의 경제력은 다양한 선택을 할 수 있는 삶의 자유를 선물한다.

06

거절하는 법을 배워라

당신을 위협하는 위험으로부터 등을 돌리지 마라.
만약 그러면 그 위험은 두 배가 될 것이다. 만약 두려움 없이 맞서면
그 위험은 반감된다. 어떤 것에서도 도망가려 하지 마라. 절대로.

- 윈스턴 처칠 -

난 어린 시절부터 '착한 아이, 말을 잘 듣는 딸'을 마음속에 새기고 살아왔다. 부모님의 말을 잘 듣는 아이로 칭찬받는 것이 당연한 줄 알고 '싫다'는 말은 거의 하지 않았다. 늘 "네, 좋아요."라고 말하며 부모를 웃게 만드는 딸이었다. 여섯 형제의 막내인 나는 언니, 오빠들의 문제로 걱정하는 어머니의 이야기를 옆에서 들을 기회가 많았다. 그래서인지 '어머니를 조금이라도 편안하게 해드리려면 내가 말을 잘 들어야 한다'라는 생각을 자연스럽게 하게 되었다. 그리고 이 부분이 내가 아쉬워하는 어릴 적 나의 모습이기도 하다. 내가 원하는 것을 말하기보다 무엇이 어머니의 마음을 편하게 하는가만 신경 쓰며 살았다.

미국에 살 때 우리 집에는 남편의 친척이나 친구 가족이 몇 주 혹은 몇 달씩 머무는 적이 많았다. 때로는 릴레이처럼 공항에서 한 팀을 보내고 나면 이어서 다른 팀을 맞이하기도 했다. 우스갯소리로 JFK 뉴욕공항을 'Just From Korea' 공항이라고 하기도 했다. 누가 온다면 넌더리가 날 지경이었다. 손님들에게 제발 다른 숙소로 가 달라고 말하고 싶었지만 서로 마음상하는 것이 싫어 참고 지냈다. 나는 마음이 약해서 거절을 못하는 성격이라고 속으로 변명하기도 했다. 나 자신을 합리화하지 않으면 마음이 힘들었기 때문이다.

나는 우리 집에 온 방문객들이 편하게 지낼 수 있도록 노동과 부담을 감수했다. 지친 엄마 때문에 아이들이 어떤 피해를 입을지는 외면한 것이다. 아이들에게 책을 읽어 주고 놀아 줄 시간을 손님들 챙기는 것에 빼앗기고 있었다. 내 마음은 결국 원망의 나이테만 두꺼워졌고 아이들이 커 갈수록 나를 닮을까 걱정되었다. 단호하게 거절하지 못하고 순응하는 '좋은 사람 함정'에 빠진 엄마를 답습시킬까 봐 불안했다.

내가 가장 후회하는 점은 거절을 하지 않으면 좋은 인생을 사는 게 아니라, 도리어 '호구 인생'을 살게 된다는 사실을 30대 중반까지 외면했다는 점이다. 성인이 되어서도 상대를 불편하게 하는 말을 하지 않으려다, 스스로 불편함을 감수하는 어려움을 겪었다. 뒤늦게야 거절할 줄 모르는 사람은 친절하다는 평가는 받을 지언정, 정작 자신이 원하는 것을 이룰 수 없다는 것을 깨달았다.

심리학자 재키 마슨은 "항상 자신보다는 타인을 우선시하는 사람, 주변 사람들을 실망시키는 게 두려운 사람들은 대부분 '좋은 사람의 함정'에 빠져 있을 가능성이 높다."고 말했다. 그가 설명하는 '좋은 사람'이란 주변 사람들에게 착하게 대하고, 친절과 이해심을 발휘하며, 타인을 기분 좋게 해 주는 것을 삶의 기본 태도로 여기며 살다 그것이 인생의 장벽이 되어 버린 사람들을 지칭한다.

나 역시 어릴 때부터 '내가 하고 말지'라고 생각하며 진정으로 원하는 것은 덮어 버리기 일쑤였다. 하지만 현실을 직시하면서부터 상대가 실망할까 염려해 내가 원하는 것을 말하지 않는 것은 착한 것이 아니라 약한 것이라는 사실을 확인했다.

당당한 여자로 자신의 삶을 개척하기 위해서는 강인해야 한다. 하지만 대부분의 여성들은 '좋은 사람 = 착한 사람'이라는 등식을 세우고 그 말을 칭찬으로 여긴다. 나는 다른 사람이 나에게 하는 '좋은 사람'이라는 말의 뜻이 '다른 선택은 할 수 없는 호구'라는 뉘앙스가 포함되어 있다는 것을 알게 되었다.

나는 어머니가 "누울 자리 보고 다리 뻗는다."라는 혼잣말을 하시면서 일하는 모습을 자주 목격했다. 평소 거절이나 싫은 소리를 못하던 어머니는 자기 자신을 '누울 자리'에 비유하시고, 뻔뻔하게 어머니의 이런 점을 활용하는 주변 사람들을 '다리 뻗는 사람들'로 표현하신 것 같다. 만약 평소 거절을 자주 하지 않았던 이유가 정말 착하고 모든 것을 다 받아 주는 고운 성품 덕분이라면 다행이지만, 그게 아니라 거절하기 불편해서라면 고민해 볼 필요가 있다.

그렇다면 어떻게 해야 다른 사람의 부탁을 지혜롭게 거절할 수 있을까? 상대의 기분까지 책임지려는 과도한 배려를 잘라내는 연습을 해야 한다. 거절은 상대의 입장을 단호하게 끊는 것이 아니다. 오히려 상대방의 입장을 고려해 내가 원하는 것이 무엇인지 솔직하게 말하는 배려다. 현실에서 솔직하게 거절을 잘하기란 그리 쉽지 않다. 특히 가까울수록 더욱 힘들다. 때로는 관계가 깨지거나 예의 없는 사람으로 여겨지기도 한다. 하지만 남들의 요구에 맞춰 주다 결국 자신이 원하는 삶은 늘 뒷전으로 밀려나는 것보다 낫다. 나는 30대 중반이 되어서야 가족이라도 처음에 거절하지 않으면 삶의 귀중한 시간을 갈등으로 소진할 수 있다는 것을 뼈저리게 경험했다.

나는 내가 원하는 인생의 방향대로 나 자신을 활짝 열어 보지도 못한 채 20대를 보냈다. 더 이상 나 자신을 거는 것도, 무언가를 열렬하게 사랑하는 것조차 두려운 30대를 보내고 있었다. 탁월함을 추구하며 그에 걸맞은 노력을 하는 것이 무모하게 느껴졌다. 스스로 힘없이 놓아버린 안무가의 꿈이 떠올랐기 때문이다. 지금 생각하면 창피하지만, 관계를 해칠까 걱정되어 부당한 요구도 받아들였다. 예를 들면, 새로 산 집으로 이사를 한 후 갑자기 나타난 지인 부부가 한 달 이상을 있어도 싫은 내색을 못했다. 당시 지인의 아내는 임신 중이었으며 어린 딸까지 대동했었다. 나는 새로 이사한 집의 부엌을 마음 편하게 사용하지도 못한 채 손님 접대로 잠까지 설쳤다. 거절해 봤자 문제만 키우는 상황을 직면하기 힘들어 미리 포기했던 나는 거절에 대해 미숙한 여자였다.

결국 30대 중반이 되어서야 '미움받을 용기'를 냈다. 딸의 미래가 두려웠기 때문이다. 내가 만약 거절하지 못하고 끌려 다니는 모습만 보인다면, 딸은 어떤 여성으로 살게 될까? 나는 친정어머니의 모습을 보며 나와 무척 닮았다는 생각이 들었다. 겉으로는 완벽해 보이지만 누구보다도 휴식이 필요했던 나는 결심했다. 내 몸과 마음을 사랑할 줄 아는 사람으로서 외로운 투쟁을 선택했다. 지금 나는 약점을 집념으로 꽃피운 여성 CEO로, 당당한 어머니로 딸의 롤모델이 되었다. 아들의 연애 상담은 물론 그의 여자친구도 응원하는 어머니다.

지난 수년간 크건 작건 내 인생의 무언가를 창조하는 데 열정을 쏟으며 한 가지 중요한 사실을 깨달았다. 다른 사람의 말은 실력과 열정으로 돌파하고, 거절은 여성의 성장을 돕는 강력한 힘으로 활용하면 된다는 점이다.

배우 로버트 드 니로가 뉴욕의 한 예술대학 졸업식에서 한 연설은 '거절에 대한 명연설'로 유명하다. 그는 졸업생들에게 "여러분은 이제 망한 것이나 마찬가지입니다. 이제 평생 거절의 문이 기다리고 있습니다."라고 말했다. 그는 사회에서 거절을 마주하는 것을 당연하게 받아들이고 감사의 경험으로 헤쳐 나가야 한다고 강조했다. 거절은 도리어 확신의 힘으로 세상에 당당하게 맞설 수 있는 기회라고 졸업생들을 격려한 것이다.

숨 막히는 타인의 기대에서 벗어나 진정한 나의 삶을 살고 싶다면, 그의 명연설처럼 거절에 맞닥뜨렸을 때 "감사합니다!"라고 외쳐라. 그리고 거절에 익숙해지는 경험을 통해 당신이 원하는 꿈에 한 걸음 더 다가가는 기회를 얻었다고 생각을 바꿔라. 나는 로버트 드 니로의 명연설 영상을 볼 때마다 '역시 나는 내 인생의 예술가였어. 살며 사랑하며 배우며 지나온 모든 선택들을 되돌아보면, 거절을 감수하고 시련을 이겨 내면서 얻은 선물이야'라는 생각을 한다.

거절하는 법을 아는 여자는 타인에게 끌려 다니며 인생의 중요한 시간을 소비하지 않는다. 지혜로운 거절은 나를 사랑하는 마음가짐을 알게 하고 완벽한 인생을 찾아 주는 묘약이다.

07

스스로 존중하고
사랑하라

다른 사람의 평가에 연연하는 것은, '다른 사람이 나를 어떻게 생각하느냐'가
'내가 나를 어떻게 생각하느냐'보다 훨씬 중요하다고 말하는 것이나 다름없다.
- 웨인 다이어 -

《행복한 이기주의자》의 저자 웨인 다이어는 "당신이 바라보는 대상에 대한 생각을 바꾸면, 그 대상에 대한 마음이 바뀐다. 마음이 바뀌면, 당신의 행동은 완전히 바뀌게 된다."라고 말했다. 당신은 당신 자신을 어떻게 생각하고 있는가?

우리가 '나 자신'이라고 믿는 모습은 대부분 어릴 적 다른 사람의 평가를 반영한 것이다. 그리고 그 평가를 자신이라고 믿으며 살아간다.

"나는 아버지를 닮아 무뚝뚝한 편이에요."

"초등학교 때 음치라 들었어요."

하지만 꼼꼼히 되짚어 보면 그중 어떤 말도 사실과 다르다. 아기가 자신에게 "나는 엉덩이가 너무 크고 머리가 좋지 않아."라고 말하는가? 모두 성장과정에서 가족 혹은 주변 인물들로부터 전해 들은 평가를 그대로 받아들인 것뿐이다.

행운이 있다고 믿는 사람들에게는 공통점이 있다. 자신을 사랑하고 인정한다는 것이다. 다른 사람에게 사랑받기 위해 목매지 않고, 보석보다 아름다운 성품과 인격을 먼저 보인다. 사람들은 밝고 긍정적인 태도를 통해 그 사람에게 호감을 느낀다. 먼저 나서서 "나 엄청난 사람이야."라고 거만을 부리지 않아도 주변에서 먼저 "그 사람 참 괜찮은 사람이야. 함께하고 싶은걸!"이라고 말하며 다가간다. 자신을 사랑하는 여성에게서는 삶에 대한 열정을 느낄 수 있고 뭘 해도 잘할 것 같다는 생각이 드는 법이다.

미국 패션잡지 〈보그〉의 편집장이자 세계 패션계의 여왕으로 불리는 안나 윈투어는 비평에 무관심하며 도리어 핵폭탄을 날리는 사람 중 한 명이다. 사람들은 그녀를 '재능 있고 창조적인 얼음공주'로 생각한다. 그녀는 친해지기 쉬운 사람은 아니지만 야심차고 자신감이 넘친다. 마치 "나를 능가할 사람 있으면 나와 봐. 이일을 최고로 할 수 있는 여자는 나뿐이야."라고 말하는 것 같다. 그녀는 자신을 존중하고 당당한 에너지를 뿜어내기 때문에 다른 사람의 인정과 위로에 매달리지 않는다. 자신의 꿈에 대한 간절한 집념과 의지로 세계 최고의 패션 바이블로 통하는 그녀는 늘 스스로를 최고로 대한다.

여성일수록 '일하는 능력'과 '자신을 존중하는 인격'을 결합시켜야 한다. 내 삶은 내 마음이 정하는 대로 움직인다. 언젠가 커뮤니케이션의 대가이자 여성의 사회활동의 본보기라 불리는 한 여성과 만날 기회가 있었다. 그녀는 내 기대와 다르게 "삶의 의욕을 잃은 것 같아."라는 말을 했다. 아무리 자신감을 가지고 처한 상황을 잘 이겨 내려 해도 불쑥 떠오르는 생각 때문에 상대적인 박탈감을 느낀다는 것이다. 젊을 때는 당장 믿고 있는 생각이 제일이고 지금의 사랑이 최고인 것처럼 보였다. 하지만 세월이 흐를수록 사람들에게 버림받을까 두려워진다고 했다. 실제로 일이 줄어들고 억지로 모임을 만들지 않으면, 먼저 연락이 오는 경우가 적다며 하소연했다.

이럴 때일수록 자신이 주변 사람들을 어떻게 대하는지, 자신을 어떻게 대하는지 생각해 보아야 한다. 주위 사람들에게 무심코 한 행동도 마치 부메랑처럼 자신에게 돌아오기 때문이다.

나는 마흔 살에 만난 한 여의사 덕분에 삶에 대한 생각을 완전하게 바꾸게 되었다.

"병을 마지막까지 불려서 병원에 오는 것이 취미세요?"

"네? 무슨 말씀이신지? 배가 자주 바늘로 찌르듯이 아팠는데요?"

"이 지경까지 갔으면 움직일 수 없었을 텐데… 어떻게 버틸 수가 있었지?"

내 또래로 보이는 여의사는 믿기 어렵다는 표정으로 중얼거렸다. 나는 자궁과 난소에 있는 혹을 방치한 채 너무 오랜 시간을 보낸 덕분에 수술을 받았다. 이제는 더 이상 오기로 견디며 나를 방치하지 않는다. 퇴원할 때 그녀는 A4 용지에 펜으로 그린 그림을 선물이라며 주었는데, 진료를 보던 첫날 설명하며 그렸던 내 자궁 스케치였다. 그녀는 다시는 여자이기 때문에, 엄마이기 때문에 통증을 견디는 행동을 하지 말라는 의미로 주는 선물이라며 웃었다.

이제 자신의 생각만 바꾸면 얼마든지 실력을 쌓을 수 있는 환경이다. 더 이상 우리 어머니들이 걸어온 삶을 그대로 따라야 한다는 법칙도 없다. 자신에 대한 믿음과 사랑에 희망을 걸고 보석 같은 인격을 만들어 보자. 자신에 대한 긍정적 생각을 믿고 받아들이자.

나는 "선생님, 어떻게 매일 웃으세요? 신기해요. 선생님하고 있으면 행복이 전염되는 것 같아요."라는 말을 자주 듣는다. 어떻게 사람이 매 순간 행복하기만 하겠는가. 거의 불가능하다. 단지 내가 남들과 다른 것이 있다면 과거의 나를 미련 없이 버리고 나에게 딱 맞는 생각을 선택한다는 점이다.

나는 스스로 만들기도 하고 없애기도 한 나의 약점이 얼마나 많은지 알고 있다. 그래서 매일 생각을 정리한다. "나는 운이 없어.", "나는 그냥 이렇게 살아야 되나 봐.", "어휴, 어차피 인생은 정해진 대로 가는 거 아니야?"라며 습관적으로 부정적인 말을 하는 사람들이 있다. 한 연구에 따르면 성인의 약 80%가 부정적인 혼잣말을 한다고 한다.

평소에 사용하는 말이 부정적인 사람들의 생각은 당연히 부정적이다. 자신의 생각을 긍정적으로 만드는 조건을 훈련해야 한다. 이 생각 훈련법은 문득문득 떠오르는 부정적인 표현을 퇴치하기 위해 '긍정의 씨'를 뿌리는 연습이다.

첫째, 평소 사용하는 단어를 바꿔라. 진실로 좋은 느낌이 들 때까지 반복적으로 사용해야 한다. 사랑의 감정은 이성에만 국한되는 것이 아니다. 자신을 사랑하는 좋은 느낌에 익숙한 사람만이 자신을 존중할 수 있다.

둘째, 긍정 단어를 소리 내어 읽어라(소리를 낼 수 없는 상황이라면 마음속으로 읽어도 좋다). 아침, 점심, 저녁 하루 세 번 읽는다. 잠들기 전 읽고 침대 옆에 두었다 눈을 뜨자마자 바로 읽는다.

셋째, 긍정 단어를 보관하라. 강력하고 구체적인 단어 혹은 문장으로 만들어 간직한다. 문장은 두세 단어로만 조합하여 단순하게 표현한다. 지갑에 1일 자기 긍정 카드를 넣어두고 수시로 읽는다.

마지막으로 긍정 단어를 실제처럼 말한다. 또한 인터넷, 매거진 등에서 당신의 긍정 단어와 딱 맞는 이미지를 선택해 작은 비전 보드에 이미지를 붙이는 것도 좋다.

"나는 물만 먹어도 살찌는 체질이야."라는 말을 "나는 수분이 촉촉한 피부를 유지할 수 있어 좋아."라고 말해 보자. "나는 식탐이 문제야."라고 했다면 "나는 내 몸이 허기지지 않도록 식사시간을 잘 지키는 사람이야."라고 말하자. "상체는 괜찮은데 하체는 비만이야."라고 습관적으로 저평가했다면 "와우! 나의 상체는 진짜 멋진걸! 그럼 하체도 한번 만들어 볼까?"라며 스스로 목표를 제시해 보자.

쓰고, 읽고, 말하고, 생각하는 이러한 행동들이 자연스러워질 때까지 지속적인 노력이 필요하다. 그때까지는 절대 흔들리지 말고 양치하듯 지켜라. 침대 옆, 책상, 컴퓨터, 지갑 등에 놓고 자주 보며 정성을 들여야 한다.

생각은 갖가지 난관을 얼마든지 이겨 낼 수 있는 강력한 힘이다. 자신의 생각에 씨를 뿌리고 수확할 수 있는 사람은 자신을 존중하고 사랑하며 살아갈 수 있다. 삶의 방향은 온전히 자신의 생각에 달려 있다는 사실을 기억하자.

08

1% 여자는
내일보다 오늘을 산다

시간이 충분하지 않다고 불평하지 말라.
헬렌 켈러, 루이 파스퇴르, 미켈란젤로, 마더 테레사, 레오나르도 다빈치, 토마스 제퍼슨,
알베르트 아인슈타인에게도 하루는 24시간이었다.
- H. 잭슨 브라운 주니어 -

언젠가 친한 친구가 뜬금없이 나에게 이런 말을 했다.

"너 학교 다닐 때 성적이 안 좋았던 것 아니야? 그렇게 배우는 것을 좋아하는 걸 보면 알 수 있어. 자격지심 같은 거 아니야?"

사실 그런 생각이 드는 것도 무리가 아니다. 나는 혼자 있을 때 더 바쁘다. 쉬는 날은 시간을 최대한 활용해서 자기계발에 몰두하기 때문에 친구의 데이트 요청을 자주 거절할 수밖에 없다.

이제는 1인 기업가로서 항상 새로운 것을 배우며, 자기계발을 위해 아낌없이 돈을 투자하는 나에게 자기계발 방법을 알려달라는 요청이 더 많다.

옷 쇼핑보다 책 쇼핑을 더 좋아하는 나는 주로 책을 통해 자

기계발을 하고 있다. 주중에도 남편의 일정과 균형을 맞춰 가며 저녁시간을 활용해 영국문화원에서 영어를 배우기도 하고, 탱고 수업을 받기도 했다. 드럼을 배울 때는 심장을 두드리는 비트에 청춘으로 돌아간 것처럼 신이 난다. 이렇게 틈틈이 다양한 주제의 자기계발은 살아오면서 알게 모르게 받은 마음의 상처도 극복시켜 주었다.

당연히 나도 남편과 TV를 보며 휴식을 취하고, 주말이면 쇼핑도 즐긴다. 하지만 무료하게 시간을 허비하거나 목적 없는 하루를 보내지는 않는다. 왜냐하면 다음날 후회하느라 스트레스만 늘어나기 때문이다.

이렇게 일하는 엄마로, 혼자 있을 때 더 바쁜 아내로 살며 어느 날 예상치 못했던 시련이 닥쳤다. 오랫동안 몸담았던 직장을 떠나게 되었고 창업을 했지만 시행착오만 겼었다. 창업 초기에는 문방구부터 우체국, 그리고 동사무소, 구청, 은행에 이르기까지 정신없이 돌아다니다 지쳐 길거리 계란빵으로 식사를 대신할 때도 많았다.

나는 시련을 겪을 때마다 버지니아 울프의 소설 《자기만의 방》을 자주 읽는다. 20세기 페미니즘 비평의 선구자이자 소설가인 버지니아 울프는 이렇게 말했다.

"서두를 필요가 없습니다. 재치를 번뜩일 필요가 없습니다. 자기 자신이 아닌 다른 사람이 되려고 할 필요도 없지요."

그녀는 또한 "만약 여성이 자유의 문을 열 수 있는 두 가지 열쇠를 찾을 수 있다면, 그 두 개의 열쇠는 바로 고정적인 소득과 자기만의 방이다."라고 말했다. 그녀는 여성이라는 이유로 자신의 꿈을 부인하거나 누군가의 아내로, 누군가의 엄마로 살면서 자신의 존재를 부정해서는 안 된다는 자신의 생각을 펼쳤다.

나는 그녀의 책을 읽다가 나도 책을 쓰고 싶다는 꿈을 가지게 되었다. 내가 누군가의 가슴을 뜨겁게 흔들어 놓을 수 있다면, 꿈을 포기하지 않는 여성들이 많아지지 않을까?

나는 혼자 몇 개월 동안 책을 쓴다는 계획을 세우고 틈틈이 노력해 보았지만, 이 또한 이전처럼 진행되지 않았다. 이미 직장에서 두 권의 책을 출간한 경험이 있음에도 불구하고, 막상 혼자 개인저서를 쓴다는 것은 아예 시작부터 어려웠다. 글쓰기는 점점 두려워졌고 길이 막혀 의심과 갈등은 커졌다. 그러던 중 인터넷 검색을 통해 김태광 대표 코치가 운영하고 있는 〈한국 책쓰기 성공학 협회(한책협)〉라는 곳을 발견하게 되었다.

나는 즉각 그곳의 〈1일 특강〉을 듣고 바로 〈7주 책 쓰기 과정〉에 등록했다. 수업은 매주 토요일에 하루 6시간씩 진행되었다. 주중에는 일하고 주말에는 책 쓰기에 올인했다. 김태광 대표 코치는 글을 쓰는 것을 힘들어하는 나에게 공저 프로그램에 참여할 수 있도록 도와주었다. 시련은 축복인가 싶다. 지금 나는 이미 두 번째 개인저서를 집필 중이다. 내가 만약 책 쓰기를 배우지 않고 도전하지 않았더라면 내 인생을 확장시킬 수 있었을까? 작가로, 코치로, 강연가로 그리고 1인 기업가로 원하는 인생을 실현시킬 수 있었을까?

우리를 행복하게 만드는 순간은 '오늘, 지금'이다. 더 나은 삶을 살기 위한 자기계발을 하기 가장 좋은 순간도 지금이다. 머무는 모든 시간을 자신의 열정과 열망으로 채워야 한다. 나는 더 이상의 후퇴는 없다는 점을 내게 각인시켰다. 그리고 부엌에서도, 차안에서도, 길에서도, 언제 어디에서나 까다롭고 집요하게 책 쓰기에 매달렸다.

아직도 한국 문화에서는 여성들이 아내로, 엄마로, 전업맘으로, 워킹맘으로, 마치 트랜스포머처럼 온갖 역할을 감당하며 살고 있다. 흔히 여자 나이 50세면 능력을 키우는 것보다 편안한 인생을 계획하라고 말한다. 하지만 뒤돌아보면 내게 50세는 도리어 인생의 큰 전환점이었다.

나한테는 몇 가지 혜택이 있었다. 나이가 들수록 덤으로 얻게 되는 혜택이다. 두 아이를 모두 키워 내고 독립시켰다는 점이다.

남편에게 나의 꿈을 밤새 이야기했던 다음날 아침, 기적 같은 일이 일어났다. 상상하면 이루어지는 행운이 펼쳐진 것이다. 우연히 차를 타고 지나가던 곳에 '여성경영스쿨'을 설계할 수 있는 완벽한 장소가 나타난 것이다.

"다른 여성들이 성공적으로 창업할 수 있도록 자기계발 방법을 알려 주어라."

"일과 가정의 균형 있는 삶을 유지하는 방법을 알려 주어라."

"여성이 경제력을 갖추고 활발한 사회 참여를 할 수 있도록 코칭하라."

내 안의 간절한 소망은 숨 가쁘게 이루어졌다. 평생의 업을 찾았으니 더 많은 여성들의 삶의 질을 높이기 위해 최선을 다할 것이다. 내가 쌓은 전문지식과 실패와 성공을 통해 얻은 깨달음을 바탕으로 많은 여성들이 더 나은 삶을 살도록 돕는 일을 하게 되었다.

현재 여성의 사회 진출과 창업 비율은 높아졌지만 여전히 자영업 수준이다. 여성은 육아로 인한 돌발 상황을 배제하기 힘들고 집안일은 남자의 다섯 배 정도로 많이 한다. 여성들이 금요일이면 당당하게 도우미에게 아이를 맡기고 부부끼리만 외출하는 것을 시도해 보면 어떨까? 하이힐을 신고 정성들여 차려 입은 모습으로 열심히 일한 자신에게 충분한 보상을 주는 여성이 되자. 진정한 자신의 삶을 펼치는 자신만의 노하우를 만들어야 한다. 완벽한 타이밍은 바로 지금이다. 1%의 여자로 보석처럼 자신의 인생을 빛내는 오늘을 살자.

CHAPTER 3

일과 육아를 최고로 해내는
여자들의 비밀

01

육아를 핑계로
일을 멈추지 마라

'그릿(끈기)'은 자신이 성취하고자 하는 목표를 끝까지 해내는 힘이자
어려움과 역경, 슬럼프가 있더라도 그 목표를 향해 오랫동안 꾸준히 정진할 수 있는 능력이다.
− 앤절라 더크워스 −

우리나라 속담에 "한 술 밥에 배부르랴."라는 말이 있다. 무슨 일이든 처음에는 큰 성과를 기대할 수 없다는 말로, 힘을 조금 들이고는 큰 효과를 바랄 수 없다는 의미다. 어느 정도 자리를 잡고 익숙해지는 데는 견딜 줄 아는 끈기가 필요하다.

자립적인 경제활동을 하던 여성들도 출산 후에는 일을 포기하고 주부와 엄마의 삶을 선택하고 있다. 일과 가정에서의 역할 부담 때문에 심신이 지친 상태로 프로페셔널로서의 자존감마저 떨어지기 때문이다. 이와는 반대로, 위기를 겪으면서도 자신의 일을 포기하지 않는 여성들도 많다.

언론사의 부장으로 일하고 있는 40대의 한 여성은 한 직장에서 일한 지 20년이다. 이른 결혼을 한 그녀는 입사한 지 얼마 되지 않아 출산을 했다. 여자는 결혼하면 끝이라는 본보기가 되기 싫어 철저하게 일을 마무리하려고 노력했다. 그녀는 어떻게 하면 더 빨리 일을 수행할 수 있는지, 어떻게 하면 기사를 많이 쓸 수 있는지 자신만의 일하는 방법을 만들어 가기 시작했다고 한다.

나 역시 워킹맘이었다. 언제나 아이를 돌봐 줄 사람을 찾는 것이 가장 큰 고민이었다. 요즘 "성공하는 워킹맘에게는 친정어머니가 있다."라는 유행어가 있는 것처럼, 이전에도 친정어머니의 도움은 절실했다. 하지만 나에게는 불가능한 일이었다. 온전히 혼자 해야 했다. 어머니는 편찮으신 분이었고 거리는 이역만리 떨어져 있었다. 내가 그 당시 가장 부러워했던 사람들은 친정어머니와 함께 한인 슈퍼마켓에 장보러 오는 사람들이었다.

물론 일과 육아를 병행하다 보면 마음과는 달리 뭘 어떻게 해야 할지 막막한 날들도 많다. 하지만 일생일대의 고민이라며 스스로 포기하기보다 효율적인 방법을 찾아야 한다. 혼자 다 짊어져야 할 것처럼 급한 결정을 하지 않는 것이 좋다. 대신 일, 육아, 집안일을 다 잘해 내야 한다는 욕심을 빨리 포기하는 것이 훨씬 현명한 일이다.

일과 육아를 병행하며 아이를 키우기란 조심스럽다. 자는 아이 깨우지 않고 출근 준비하느라 조심히 움직이고 유치원에 보낼 간식도 가방에 미리미리 넣어둔다. 하지만 발걸음은 쉽게 떨어지지 않는다. 다른 엄마들은 아이랑 항상 같이 있는데 자신은 항상 거기에 없음을 자책하기도 한다. 이것은 워킹맘들의 아침풍경일 것이다. 하지만 곧 육아의 역할 부담이 달라질 가능성을 생각하며 엄마가 되기 위한 당연한 과정으로 생각하자.

2014년 우리나라 맞벌이 가구 비율은 44%다. 두 집 가운데 한 곳은 남편과 아내 모두 일을 한다는 이야기다. 하지만 남편과 아내가 집안일에 쓰는 시간은 차이가 크다. 남편은 하루 40분 정도를 쓰지만 아내는 194분, 즉 3시간 이상을 집안일에 쓴다고 한다. 똑같이 일을 해도 아내가 남편보다 다섯 배 정도의 집안일을 하는 것이다.

이처럼 현실에서 일과 가정 이 두 가지 모두를 신경 써야 하는 여성의 부담은 여전히 크다. 또한 여성은 일과 가정 중 하나만 선택하기를 강요받기도 한다.

이런 관점에서 지금 전업맘으로 살 것인가, 워킹맘으로 살 것인가의 선택을 앞두고 있다면, 선택의 이유를 명확하게 파악할 필요가 있다. 결코 전업맘이라 해서 집에 들어앉은 것이 아니며, 워킹맘이라고 직장에만 나가 있는 것이 아니기 때문이다. 결혼 후 여자, 아내, 가정, 엄마로 더 다양한 역할이 생겨난 여성 사회인이다.

스스로 경제적인 이유로 일을 하는지, 스펙을 쌓기 위해서인지, 멋진 엄마가 되기 위해서인지 이유를 명확히 파악해야 한다.

그래야만 모든 힘든 시기를 이겨 낼 수 있다. 자신의 인생에 대해 뚜렷한 목표를 알고 나면, 힘든 시련에 처하더라도 끝까지 방법을 찾아내며 노력할 수 있다.

우리는 살면서 '무엇을 하고 싶다'는 바람을 갖는다. 결혼한 여성은 대부분 육아를 병행하면서 자신의 바람을 이뤄 가는 것이 가족에게 피해를 끼치는 것이라고 자책하는 경향이 있다. 일과 육아 사이에서 나쁜 엄마가 되어 간다는 죄책감에 시달릴 때면 당장 일을 그만두고 싶어지기도 한다. 이럴 때일수록 반드시 꿈을 이뤄 내겠다는 마음으로 현실을 돌파해야 한다.

"종이에 적으면 이루어진다."라는 말을 들어 보았는가? 나는 위기 때마다 나만의 방식으로 미래를 상상하곤 했다. 복학을 목표로 삼았을 때는 나의 졸업식에 두 아이가 꽃다발을 주는 장면을 그려 보았다. 직장생활을 시작했을 때는 당당하게 세계를 누비는 커리어우먼의 모습을 상상했다. 창업을 시작하면서부터는 자수성가한 여성 기업인으로서 다른 여성들 앞에서 강연하는 모습을 꿈꾸었다. 책을 쓰기 시작하면서부터는 베스트셀러 작가로서 내가 쓴 책에 사인을 하는 장면을 그려 보았다.

결혼한 여성은 대부분 육아를 병행하면서 인생의 고비를 맞이한다. 그동안 쌓아 온 경력과 수입을 고려하면 일을 계속하고 싶지만, 일과 육아 사이에서 나쁜 엄마가 되어 간다는 죄책감에 시달릴 때면 당장 일을 그만두고 싶어진다. 하지만 시간을 아껴가며 잘 활용하면 도리어 온전히 아이에게만 집중하는 알찬 시간을 보낼 수도 있다. 처음부터 일을 포기하지 않겠다는 목표를 가지고 방법을 찾아보자. 포기할 생각을 1%라도 가지고 있는 사람은 자신의 열망에 도전하기도 전에 스스로 포기하게 된다. 나는 일과 육아를 병행하는 '투잡 엄마'라는 생각을 하며 꿈을 놓지 않았다. 그렇게 모든 시기를 지나고 난 후 바라던 성취를 이루게 된 것이다.

육아는 처음에는 끝이 보이지 않는 길처럼 느껴져 흔들릴 때도 있다. 마치 미로를 혼자 걷는 것처럼 외로워질 때도 있다. 하지만 육아를 자신의 한계를 넘어서는 성공 경험의 기회라고 관점을 바꿔 보자. 아이가 커 가는 모든 순간에 엄마가 옆에 있을 필요는 없다. 그보다 어려움이 왔을 때마다 강인하고 열정적인 엄마의 모습을 보여 준다면, 아이는 흔들리지 않고 성장할 것이다.

나는 중년이 되어 창업하고 1인 기업가로 당당하게 일하고 있다. 내가 육아와 일을 불안해하며 일치감치 일을 포기했다면 어땠을까? 눈앞에 보이는 현실을 두려워하며 성급하게 결단을 내렸다면, 원하는 미래를 그리지 못했을 것이다.

만약 반드시 한 가지만 선택해야 하는 입장이라면, 자신의 미래에 대한 끈을 놓지 말고 노력하자. 하루 10분 독서와 행복일기, 감사일기 쓰기를 꾸준히 하며 사고를 논리적으로 할 수 있는 생각의 힘을 키워야 한다. 인터넷을 통해 지속적으로 원하는 분야의 성공한 사람들의 노하우를 공부하며 동기부여를 받도록 하자.

현실에 굴하지 않고 강인하게 자신의 삶을 이겨 나갈 수 있는 계획을 세워라. 인문학, 경영, 자기계발, 잠재의식, 자기 확신, 명상, 예술, 고전문학에 관한 다양한 책을 읽으며 의식을 키워 나가야 한다. 만약 혼자서 계획을 세우기 어렵다면 전문가의 도움을 받는 것도 좋은 방법이다. 나의 휴대전화 010.9700.8060으로 연락을 준다면 성심성의껏 조언해 드릴 수 있다.

자신을 사랑할 줄 아는 여자, 강인하면서도 아름다운 엄마, 당당한 아내로서 지금 당장 도전해 보자. 틀림없이 엄청난 성취감과 함께 꿈을 펼치게 될 것이다.

아이에게 올인하지 마라

살면서 가장 중요한 일은 내 마음속의 빛이 꺼지지 않도록 하는 것이다.
안에서 빛이 난다면 밖에도 빛이 나는 법이다.

- 알베르트 슈바이처 -

당신은 출산 후 자신을 돌보고 있는가? 시간에 쫓기며 뭔가를 하고 있지만 막상 나를 위한 성장은 제자리걸음인가? 만약 그렇다고 느낀다면, 당신은 평범한 안정에 더 끌리고 있거나 일과 육아를 꽉 거머쥔 채 힘든 시기를 보내고 있는 것이다.

우리는 모두 엄마가 되기 전 여자였다. 생기로 가득했던 예전 모습이 그립고 출산과 육아에 시달리느라 확연히 달라진 모습에 자신감이 떨어지기도 한다. 큰 옷으로 가려야 할 정도로 살이 붙은 몸에 신경이 쓰이고 눈 깜짝할 사이 40대가 다가온다. 전업맘이든 워킹맘이든 기혼 여성의 상황은 별반 다르지 않다. 하지만 자신이 가장 잘 할 수 있는 것을 철저하게 관리한다면, 불가능을 가능하게 만들 수 있다. "준비된 사람에게 기회는 온다."라는 말처럼, 자기관리를 포기하지 않으면 된다.

당신이 여자라면, 출산을 했다면, 일과 육아는 피할 수 없는 축복으로 관점을 바꿔야 이겨 낼 수 있다. 일과 육아를 삶의 무게로 여긴다면, 힘든 시기를 헤쳐 나갈 수 없다. 나는 여성들이 육아를 '여성이 강인한 아름다움으로 빛날 수 있는 삶의 축복'이라고 생각하길 바란다.

나는 서른여섯 살에 대학에 무용교육학으로 복학했다. 당시 미국은 유치원부터 고등학교까지 힐링교육 과정을 장려했다. 나는 학생들과 함께 일상에서 산수가 어떻게 활용되는지, 컬러의 배합으로 달라지는 명도와 채도의 느낌, 그리고 기쁨, 슬픔, 질투, 분노, 열정과 같은 감정을 몸으로 표현하는 즉흥 움직임을 창작하는 행운을 누리게 되었다.

내가 어린 학생들 사이에서 신체적 결점과 심리적 압박감을 이겨낼 수 있었던 것은 엄마라는 자부심 덕분이다. 그들에게 나는 인생 목표를 명확하게 아는 여성으로서 닮고 싶은 선망의 대상이 되었다. 나이는 전혀 문제가 되지 않았다.

나는 출산 후 몇 년간은 아이들을 키우는 데 자부심을 느꼈다. 나의 타고난 적성이 '엄마'인 줄 알았다. 하지만 아이들이 커 가면서 나도 함께 성장해야 한다는 것을 실감했다. 왜냐하면 '아이만

잘되면 엄마로 사는 내 인생은 이대로 괜찮아'라는 생각은 불편한 진실을 피하기 위한 변명이었다는 것을 파악했기 때문이다.

"평균 수명 100세를 바라보는 시대에 나는 언제까지 아이의 뒷바라지를 할 수 있을까?"

"스스로 책임질 경제력이 없다면 아이들이 독립한 후 나는 어떻게 살 것인가?"

"왜 엄마는 여자의 삶을 포기해야 하는 걸까?"

나는 강의 때마다 젊은 엄마들에게 이런 질문을 한다. 지금은 힘들지만 아이를 키우는 시간은 잠깐이고, 아이가 성장할수록 엄마보다 친구와 지내는 시간이 더 많아질 것이다. 엄마의 손이 많이 필요하던 때와 달리 아이들은 스스로 결정하기 시작하면서 엄마의 정성을 간섭으로 느낀다. 그제야 '아차, 내가 할 수 있는 일이 뭐지?'라며 당황하지 말고 미리미리 준비하라고 말한다.

대부분의 여성들이 육아에 올인하지 않으면 나쁜 엄마라고 자책한다. 그런데 도리어 아이들은 과잉보호에 부담을 느낄 때가 더 많다는 것도 피할 수 없는 사실이다. 아이들의 입장에서 바라보면, 엄마의 지나친 관심과 사랑이 버거운 희생으로 느껴질 수도 있다.

아이는 나의 분신이 아니다. 혹시라도 아이에게 내 꿈을 대신하게 짐을 지우지 않는지, 내 삶을 대신 살게 요구하고 있지는 않은지 생각해 봐야 한다. 그리고 아이에게도 아이만의 삶이 있다는 마음으로 육아를 하는 것도 좋다. 그러기 위해서는 먼저 아이에게 올인하지 않을 시 느끼는 죄책감을 버려야 한다. 자세히 들여다보면, 이런 감정은 사회 전반에 생성되어 있는 일반화된 생각이다. 내 아이를 잘 키우기 위한 자신의 주관을 믿고 아이 성장에 맞춘 단계별 전략을 잘 짜면 된다. 물론 마음에 걸리는 일이 많을 것이다. 하지만 일과 육아를 병행하려면 '냉정하다'라는 말을 들어도 태연하게 넘길 수 있는 강심장도 필요하다.

내가 2000년 척추병원과 함께 자이로토닉 건강 시스템을 한국에 처음 소개할 때, 두 아이는 미국에 있었다. 당시 나는 한국과 미국을 넘나들면서 일했다. 월급을 모두 비행기 값을 충당하는 데 썼다. 하지만 나는 이런 열악한 상황을 전혀 문제 삼지 않았다. 왜냐하면 새로운 시스템을 소개하는 중심에 우뚝 선 내가 너무도 자랑스러웠기 때문이다. 그러나 처음 도입된 시스템을 알리는 워크숍과 전문인 교육을 감당하느라 어린 두 아이를 비행기에 태웠던 일은 지금도 후회한다. 3일 정도 남은 교육 일정을 조절할 수도 있었지만 지나친 열정에 판단력이 흔들렸던 것이다.

아이를 키우다 보면 생각대로, 계획한 대로 일이 진행되지 않을 때도 많다. 그러나 '이 또한 지나가리라'라고 마음먹고 버티는 용기가 필요하다. 나는 지금 우리 아이들이 닮고 싶은 1순위 엄마다. 남편에게는 20대보다 더 에너지가 충만한 매력적인 여자다. 만약 내가 '여자로 살 것인가, 엄마로 살 것인가'를 구분하며 한쪽만 택했더라면, 지독한 갈등을 겪는 중년이 되었을 것이다. 자신의 삶을 잘 운영해 나가는 방법은 한쪽 길을 닫아버리고 반대의 길을 택하지 않는 것이다. 완벽하진 않더라도 다양한 여자의 모습으로 산다면, 삶의 중심만큼은 절대 흔들리지 않을 것이다.

'여자'와 '엄마'라는 두 마리 토끼를 잡으려면, 요령 있게, 현명하게 사는 방법을 배우자. 열심히 버티는 것만이 능사가 아니다. 충동적인 결정으로 무턱대고 뛰어들기보다 일의 우선순위를 파악하는 것이 좋다. 우리는 아이를 독립시키고도 살아야 할 세월이 많다. 또한 그 시간을 생산적으로 잘 보내려면 경제활동을 놓지 않아야 한다. 조금씩, 서서히 자신을 변화시키며 미세한 차이를 만들어 나가자.

올림픽에서는 손톱만큼 작은 차이로 순위가 바뀐다. 자신의 능력이나 재능을 소홀히 해서는 안 된다. 당신의 완벽한 인생을 찾아 줄 유일한 한 사람은 바로 당신이다. 자신의 인생 모두를 자녀에게 몽땅 쏟아 붓는 엄마를 아이들은 버거워한다. 도리어 당당하게 자신의 인생을 즐기고 행복한 삶을 사는 엄마로 그들의 삶을 지지하자. 자신의 삶을 설계하는 엄마가 당당하다.

03

가족의 말 한마디에
일을 포기하지 마라

행복을 찾고 있지만 좀처럼 행복한 순간을 누리지 못하는 사람들은
의지가 부족해서 그런 것이 아니다. 가장 큰 문제는 그들 주위의 누군가가
행동을 방해한다는 사실을 모르는 데 있다.

- 크리스티안 뤼트예르&우베 슈니르다 -

그녀는 워킹맘이다. 그녀의 하루는 5분 간격으로 짜인다. 하루 종일 먹은 음식이 없었다는 사실도 모른 채 오후를 넘길 때도 많다. 어린 나이에 리더로서 기업의 빠른 성장을 이끌며 남부럽지 않은 성공을 이루었지만, 모든 책임을 짊어지고 가는 그녀는 늘 외롭다. 여성 CEO라는 사회의 편향된 의식과 잘나가던 남편에게 집안 살림을 시키는 여자라고 보는 곱지 않은 시선에 힘들어한다. 그녀는 1년 6개월 전 온라인 패션 쇼핑몰로 1인 창업을 했다. 각각 다른 체형의 사람들이 어떻게 자신을 빛나게 연출할 수 있는지 직접 설명하는 영상을 운영하는 사이트에 올리기 시작했다. 기적이 일어났다. 고객들의 폭발적인 반응으로 엄청난 매출을 기록하며 직원이 220명이 넘는 패션 쇼핑몰의 신화를 이루게 된다.

하지만 회사가 성장할수록 투자자들은 경영전문인 CEO 영입을 요구했다. 혼자 외로이 버텨내던 어느 날, 시니어를 위한 인턴십을 통해 들어온 일흔 살의 인턴에게 마음을 털어 놓는다. 그리고 그의 인생 경험과 따뜻한 조언에 힘입어 좀 더 성숙한 커리어 우먼으로 다시 성장한다.

이는 영화 〈인턴〉의 이야기다. 주인공 줄스는 자신이 어릴 적 일하는 엄마가 자신을 학교에 못 데려다 주던 것처럼 자신도 딸에게 같은 상황을 만들어 준 데 대해 늘 죄책감을 느낀다. 영화 속 여성 CEO 줄스가 겪는 일은 세상 모든 워킹맘들이 겪고 있는 현실이다.

그렇다면 대한민국 워킹맘들이 일과 육아를 병행하며 겪는 가장 큰 고비는 언제일까? 워킹맘의 상당수는 자녀의 초등학교 입학 시기에 직장을 떠나고, 자녀가 중·고등학교에 들어가면서 사교육비에 대한 부담감으로 직장에 복귀하는 것으로 나타났다.

2015년 10월 기준 통계청이 발표한 자료에 의하면, 자녀가 초등학교에 다니는 7~12세 가구는 30.3%로 워킹맘 비율이 가장 낮았다. 이는 초등학교에 입학하는 시기에 육아와 교육에 있어 엄마의 손길이 많이 가는 시기이므로 어쩔 수 없이 일을 포기하기 때문이라 생각한다. 영화 속 주인공 줄스가 겪었듯이 우리도 워킹맘을 바라보는 시선이 그리 곱지는 않다.

나의 여성자기경영스쿨에도 초등학생 엄마들이 많다. 때로는 워킹맘과 전업맘 사이의 미묘한 입장 차이가 있어 오해도 생긴다. 그럴수록 워킹맘들은 일을 그만두고 육아에 전념하고픈 고민이 커진다고 호소했다. 모두가 육아가 힘든 것은 알지만, 동시에 일까지 하는 여성들의 경우 같은 여성들 사이에서도 위축이 될 때도 많다고 한다.

나 역시 아이들이 어릴 때는 자신을 위해 보내는 시간이 없었다. 일과 육아의 병행이 힘들어 그만둬야겠다는 생각을 하루에도 수십 번 했다. 특히 체력적으로 힘들거나 아이가 아픈데도 돌봐 줄 수 없을 때는 지나가는 아이를 보기만 해도 울컥해 뒤돌아서서 눈물을 훔치곤 했다. 급기야는 심각한 저체중, 저혈압이 되었고 30대 초반에는 갑상선 종양 수술까지 받게 되었다. 당시 미국인 담당 의사는 퇴원하는 나에게 이런 말을 했다.

"의학적 근거는 아직 없지만, 갑상선은 여성들의 화병이라고 여겨지기도 해요. 너무 혼자 과도하게 책임지는 것보다 자신의 체력과 심리적 안정의 균형을 유지하는 여유를 찾는 것이 중요해요."

우리는 성공한 사람의 부모는 하루 종일 자녀교육에 전념했을 것이라 짐작한다. 하지만 그들은 교육에 대한 관점이 달랐을 뿐이다. 건강한 아이를 위해 부모가 평화로운 마음을 가지려 애썼고, 될 수 있으면 화내지 않으려 스스로 마음공부를 했다. 그리고 아이를 잘 교육할 수 있다는 자신감을 가지고, 부모 스스로 일상에서 균형을 깨지 않도록 노력했다.

육아와 교육의 길은 멀고 복잡할뿐더러 짊어져야 할 책임도 많다. 바로 눈앞에 펼쳐진 현실 때문에 나의 미래를 무 자르듯 끊기보다 아이와 함께하는 새로운 인생의 도전이라 관점을 바꿔야 한다.

"도대체 어떻게 된 사람이 매일 그렇게 지각을 할 수 있어요?"

"당신은 도대체 어떻게 된 사람이 아이가 감기가 걸렸는데 그렇게 무심히 다녀?"

백점짜리 엄마로 칭송받기는커녕 직장에서 집에서 이리저리 코너에 내몰릴 때 힘 빠지고 외롭다. 특히 일하는 엄마들은 자녀와 많은 시간을 함께 보내지 못하는 것에 대해 미안함과 죄책감을 갖고 있다. 하지만 직장을 그만두지 못하는 가장 큰 이유도 대부분 어쩌면 육아비용에 대한 부담과 다시 일자리를 구하지 못할 것 같은 불안감 때문이다.

일과 육아 사이에서 여성들이 느끼는 감정들을 표현하기에는 어떠한 말로도 부족하다. 엄마가 되면서부터 아이와 엄마는 서로의 모자란 부분을 채워 주는 평생친구일지도 모른다.

인생은 보물상자와 같다. 아이에게 세상이 신기하고 낯선 것처럼 엄마도 처음에는 생소하고 두렵다. 그러나 막상 행동으로 옮기면 못할 것도 없다. 다만 아이의 운명이 마치 엄마 손에만 달린 것처럼 생각하지 않아야 한다. 이탈리아의 화가 레오나르도 다빈치는 말했다.

"어머니의 마음이 어머니 자신은 물론 태아의 몸까지 지배한다. 그러므로 어머니의 의지, 희망, 공포, 정신적인 고통이 태아에게 미치는 영향력은 매우 크다. 따라서 자녀교육은 아이의 어머니가 달라지는 것부터 시작해야 한다."

여성이 워킹맘으로 성공에 이르는 길은 스스로 행복한 길을 찾는 것이다. 자신의 삶이 즐겁지 않은 길을 선택하고 다른 사람의 말에 흔들린다면 워킹맘의 삶은 불행해질 수밖에 없다. 그런 의미에서 워킹맘으로의 길은 가시밭길일 수도 있다. 넘어서야 할 시련도 많으며 인간관계로 인해 상처도 받게 된다. 하지만 어려운 상황이라도 끝까지 해내는 사람만이 진정한 승자라는 사실을 마음에 새기도록 하자.

워킹맘에게 가장 중요한 것은 자신의 마음을 기쁘게 유지하는 것이다. 기분이 나쁜 상태는 성공적인 육아와 일을 병행하는 데 최대의 걸림돌이기 때문이다. 세상에는 생각하며 사는 사람이 있고, 사는 대로 생각하는 사람이 있다. 육아시기에는 무조건 좋은 생각으로 기분을 좋게 바꾸는 노력을 수시로 해야 한다.

이 시기에는 부정적인 감정과 말로 자신의 삶을 흔드는 사람을 멀리해라. 다른 사람의 말 한마디에 휘둘리지 않기 위해서다. 자신을 소중히 할 줄 아는 엄마가 아이 양육도 잘한다. 내가 잘하는 것, 내가 즐거워하는 것을 잘 파악하고 자신의 마음에 유연하게 대처하는 여성으로 성장하자.

때로는 포기할 줄도
알아야 한다

솔직함만큼 사람들 사이의 거리를 좁혀 주는 것은 없다.
- 레프 톨스토이 -

일과 육아를 병행하는 여성들은 아이에게 미안한 마음과 죄책감을 안고 살아간다. 엄마의 부재로 외로워하는 아이를 대할 때, TV는 켜져 있고 엄마를 기다리던 아이는 간식봉지를 든 채로 소파에 잠들어 있을 때 가슴이 답답하고 당장 일을 그만두고 싶어진다.

30대의 나는 사람들에게 도움을 요청하는 일이 가장 힘들었다. 무엇이든 잘 버텨 내야 한다는 생각을 했고, 여자라면 혼자 육아를 감당해야 한다고 잘못 알고 있었다. 둘째 아이를 출산한 후 한 달이 채 되지 않았을 때에도 무조건 일을 많이 하려는 욕심이 앞섰다. 그러던 어느 날 두 아이를 선물가게에 데리고 나가

일을 했던 무모한 행동이 화근이 되었다.

그날도 나는 기저귀 가방, 분유와 젖병, 두 살짜리 아들의 간식과 장난감, 책 등을 챙겨서 가게로 나갔다. 패션 시계와 액세서리 전문이었던 매장에는 진열장의 시계를 착용해 보는 고객들이 많았고 그 시간도 상당히 길었다. 신기하게도 이제 태어난 지 한 달 된 딸은 알람시계처럼 고객들이 들어오면 울었다가 나가면 그치곤 했다. 다행히 아들은 엄마를 도와야 한다는 느낌이 있었던지 방실방실 웃어 그나마 숨을 돌릴 수 있었다. 문제는 아주 예민해 보이는 부부가 들어왔을 때 딸아이가 울면서부터 시작되었다.

"아니, 왜 애들이 여기 있어요?"

"세상에! 가게에 두 명이나 데리고 나오다니. 애 봐 주는 사람도 없어요?"

"여보, 내가 애 우는 소리 정말 싫어하는 거 알지?"

진한 화장에 어울리지 않는 가죽 재킷을 걸친 여자는 한심하다는 듯이 나와 아이들을 번갈아 쏘아 보았다. 나는 내 아이들을 쳐다보는 그 여자의 눈빛이 너무 싫어 한마디 던졌다.

"아이 우는 소리가 싫으면 나가시면 됩니다."

"뭐야, 이 여자? 말하는 거 봐. 왜 남의 나라까지 와서 아이를 키운다고 난리야?"

나는 그 여자의 비아냥거리는 눈빛과 말투에 소름이 끼쳤다. 그녀의 말보다 한심한 나의 모습 때문에 목이 막혀 일을 할 수가 없었다. 당장 한국으로 돌아가고 싶었지만 감정대로 할 수 없는 현실이었다.

하지만 결과적으로 그녀는 내 인생의 커다란 전환점을 선물한 은인이 되었다. 나의 자존감은 확실히 상처받았다. 그러나 고객의 솔직한 말 덕분에 엄마 역할도 스스로 정리되어 있어야 지혜로운 선택을 할 수 있다는 교훈을 얻게 되었다. 그동안 나는 주어진 현실 속에 갇혀 어떻게 아이를 키울 것인지에 대한 판단이 미숙했던 것이다. 결국 아이들을 돌봐 줄 수 있는 할머니를 찾기로 결심했다.

나는 도움을 요청하는 것 자체가 어려운 환경이기도 했지만, 일일이 설명하는 불편함 때문에 '그냥 내가 하고 말지'라며 버틸 때도 많았다. 하지만 할머니의 도움을 받고 큰아이만 유아원에 보낸 후부터 생활은 달라졌다. 나의 예측과 다르게 아이들과 나는 모두 평화를 찾았다. 작은아이는 복잡한 가게 안에서보다 편안한 할머니의 보살핌을 받을 수 있었고, 큰아이도 엄마와 단 둘이 유아원에 가는 길이 무척 행복해 보였다. 그리고 나도 아이들 없이 혼자 출근한 첫날, 최고의 매출을 올렸다. 매장을 방문한 모든 고객들에게 최상의 서비스를 하는 것은 물론, 일에만 집중하는 시간만큼 나의 성취감도 몇 배로 커졌다. 무엇보다도 고객의 눈치를 보며 전전긍긍할 필요도 없었고, 아이가 울까 봐 예민해질 이유도 없었다.

이렇게 스스로 역할을 정리하며 우선순위를 정하고 난 후, 나는 훨씬 효율적인 엄마 역할을 할 수 있었다. 결과를 미리 예측하거나 욕심내지 않았고 주어진 역할에 충실하게 사는 데 초점을 맞추기 시작했다.

일을 그만둔다고 가족이 행복해지는 것은 아니다. 만약 전업주부로서의 삶이 더 행복하다면 당연히 선택은 달라진다. 하지만 아이를 핑계로 일을 그만두는 것인지, 두 배로 열심히 살아야 할 수밖에 없는 상황이 두려운 것인지 솔직하게 파악하는 것이 좋다. 자신에게 절실한 선택에는 초인간적인 정신력이 발휘되기 때문이다.

만약 당신이 일을 계속하길 선택했다면 가장 먼저 명확한 목표와 그 목표에 도달하기 위한 전략을 짜야 한다. 어떤 도움이 필요한지, 완전히 포기할 것은 무엇인지, 미움을 받더라도 강력하게 밀고 나가야 하는 일은 무엇인지 정해야 한다. 그렇지 않고 대책 없이 책임감만 내세운다면, 가족의 삶의 균형이 함께 무너질 뿐이다. 일과 육아를 병행하는 워킹맘은 절대 무소의 뿔처럼 혼자서 갈 필요가 없다.

나는 육아에서 도움을 받으면서 매장을 운영한 이후로 가장 자신 있게 일했다. 일과 육아를 병행하는 것이 피할 수 없는 상황이라면, 자신의 상황에 맞는 전략부터 우선적으로 짜야 한다는 사실을, 냉정한 고객을 통해서 배우게 된 것이다.

　남편에게 집안일을 무작정 부탁해도 지속적인 도움을 받기는 힘들다. 남편은 '원래 안 해도 되는 일이지만 아내가 부탁을 하니 한두 번 선심 쓰듯 해 주지'라는 생각을 할 수도 있다. 또한 아내에게는 자연스러운 일이 어쩌다 하는 남편에게는 익숙하지 않기 때문에 선뜻 나서지 못할 때도 있다. 때문에 남편이 지속적으로 육아를 돕기란 그리 쉽지만은 않다. 남자와 여자의 다른 점을 감안하자. 서로 상처 주지 않도록 조율해 나가는 쪽이 훨씬 편할 것이다. 남편에게도 익숙해질 시간이 좀 더 필요하다고 마음먹자.

　하지만 지레짐작하거나 혼자 모든 일을 해결하려는 과도한 책임감은 '득'보다 '실'이 많다. 자신을 포기하고 희생한다는 육아는 서로가 탈진하는 것을 넘어 가족관계를 망하게 할 뿐이다.

　자신의 일을 포기하는 것이 우선일지, 어렵지만 도움을 요청해 그 시기를 극복할지에 대한 선택은 오로지 자신의 몫이다. 다른 사람들의 말에 의존하기보다 자신이 할 수 있는 일과 할 수 없는 일을 솔직히 인정하라. "열심히 하는 사람이 성공하는 것이 아니라 지혜로운 선택을 할 줄 아는 사람이 성공한다."라는 말처럼, 다른 사람의 도움을 수용하고 나의 능력을 솔직히 인정하는 범위부터 정하자. 그리고 자신에게 솔직해지자.

05

자신만의 육아 시스템을
만들어라

삶을 사랑하는가? 그렇다면 시간을 낭비하지 말라.
시간은 인생을 이루는 요소다.

- 벤저민 프랭클린 -

나의 후배는 아이를 돌봐 줄 사람을 찾지 못해 고민이다. 큰아이는 조용하고 떼쓰지 않는 성격이라 편하지만, 둘째는 언니 몫까지 엄마를 바쁘게 만드는 호기심덩어리다. 유치원에서 돌아오면 시작되는 이야기와 질문으로 엄마에게 잠시도 쉴 틈을 주지 않는다. 그래서 건축 인테리어 일을 하는 남편이 피곤한 줄 알지만 잠자는 모습이 가장 얄밉다고 한다. 다른 엄마들처럼 자신도 서서히 육아로 인한 피로 때문에 수시로 의지와 노력이 고갈되고 있다고 하소연했다.

"언니는 형부가 주말에 자고 있으면 화나지 않아요?"

"응. 그렇긴 한데 우리는 아이가 다 컸잖아."

나는 바쁜 업무에 쫓기며 육아까지 해내는 후배의 말을 들어 주는 것 외엔 딱히 위로해 줄 말을 찾을 수가 없었다. 아이를 돌봐 줄 사람을 알아 볼 시간조차 없는 후배의 상황을 잘 알고 있기 때문이었다. 후배는 언제나 시간이 없고 바쁘다. 시간 활용의 달인이라 할 정도로 부지런한 워킹맘이다. 나는 그녀가 자신을 위한 시간은 조금도 투자하지 않고 24시간을 일과 가정에만 사용하기 때문에 더욱 탈진하고 있다는 점을 발견했다. 그녀에게는 직장, 집안일 그리고 육아뿐이었다.

여성이 일과 육아를 병행하며 인생의 명작을 완성하려면 자신을 위한 시간 투자는 절대적이다. 나는 여성들이 결혼 후 너무 쉽게 극단적 선택을 하는 것이 늘 안타깝다. 나도 한때는 엄마로만 사는 일상을 당연하게 받아들였다. 그리고 원하는 삶을 사는 방법을 고민하지 않고, 벌어진 상황에 나를 맞추었다. 30대 중반이 되어서야 내가 한 선택의 실수를 깨달았다.

그동안 시간을 쪼개 사용하며 스스로 '부지런한 엄마'라고 자부심을 가졌지만, 점점 신체적, 정신적으로는 약해지고 있었다. 그리고 30대 중반의 어느 날, '엄마로만 살 것인지' 아니면 '여자이면서 엄마로 살 것인지'를 고민하게 되었다. 그러면서 그것을 결정할 수 있는 유일한 사람은 바로 나 자신뿐이라는 사실을 깨달았다.

"인류의 역사는 스스로 능력을 과소평가한 남자와 여자의 이야기다."라는 명언처럼 나의 한계는 내가 설정해 놓은 장벽이었다.

우리는 대부분 일어나지도 않은 일을 걱정하면서 스스로 발목을 잡는다. 그러므로 진정한 자유인으로 살아갈 수 있는 방법을 배워야 한다.

결혼은 내 꿈을 포기하는 절차가 아니다. 더구나 육아는 여자의 꿈을 접고 24시간 아이를 지키는 보디가드가 되는 일도 아니다. 자신의 삶의 목표가 명확하다면 스스로 육아 시스템을 구체적으로 정립해야 한다. 막연한 걱정은 무용지물이다.

전자제품을 사면 구체적인 사용설명서가 있다. 육아 전략도 사용설명서처럼 구체적이어야 한다. 여자에게 육아는 원하는 인생을 살기 위해 반드시 딛고 넘어가야 하는 디딤돌이다. 하지만 육아에 자신의 인생을 올인한다는 생각은 합리적이지 않다. 조그만 물품 하나에도 자세한 설명이 있는데 하물며 자신의 인생 목표를 방향 없이 흘러가게 내버려 둘 것인가? 지금 필요한 것은 흔들리는 마음의 갈등이 아니라 강력한 전략이다.

나는 어떻게 내 삶의 운전대를 잡아야 할지 잠을 설치며 매일 갈등했다. 그리고 나만의 육아 시스템을 찾게 되었다.

나는 가장 먼저 인생 전체를 바꾸기로 결심했다. 내가 어떤 사람이 되느냐는 내가 어떤 확신을 가지느냐에 달려 있었다. 지금 당장 환경과 처해 있는 조건을 바꿀 수는 없었지만, 누구에게나 공평하게 주어진 24시간은 온전히 내 것이었다. 나는 이때 확립한 시간투자법을 지금까지 30년이 넘도록 지켜오면서 강연도 하고 있다.

여성의 인생에서 철저한 시간 투자와 자기계발은 반드시 해야만 하는 과제다. 특히 자신의 일상을 최우선 과제로 삼고 자기관리를 할 줄 아는 여성은 육아와 함께 일어나는 변화에도 자신의 삶을 포기하지 않을 수 있다. 나는 시간을 관리하고부터 자투리 시간을 모으게 되었고 서서히 자기계발 공부를 하게 되었다.

결국 일과 육아를 어떻게 병행할 것인가를 고민하다 원하는 성공을 끌어당긴 것이다. 시작 초기에는 다른 사람들과 비슷했다. 늘 나를 위한 여분의 시간을 찾는 것이 어려웠다. 그래서 나는 일상을 기록하기 시작했다. 혹시 여분의 시간을 찾아낼 수 있다면, 그것을 온전히 나만의 시간으로 만들 계획이었다. 그렇게 게임처럼 내 일상을 기록하며 알게 된 사실은, 그냥 흘려보내는 시간이 굉장히 많다는 사실이었다. 하지 않아도 될 일을 오지랖 넓게 챙기려다 정작 나를 위한 시간을 낭비하고 있었다.

나는 그때부터 살림의 여왕 마샤 스튜어트의 살림 테크닉을 벤치마킹하기 시작했다. 그녀는 일상에서 꾸준히 시간 관리를 하며 높은 성과를 만들어 내고 있었다. 그녀는 아침에 일어나면 가장 먼저 침대를 반듯하게 정리하고 정원으로 나갔다. 음식을 만들 때도 양념통과 그릇들을 늘어놓지 않고 치워 가며 요리했다. 하루 종일 일만 하는 것이 아니라, 저녁에는 자신의 일상을 글로 써

기록했다. 그녀는 자신의 노하우를 책으로 펴내며 더욱 유명해졌다. 그녀도 처음에는 육아를 위해 자신의 일을 잠깐 내려놓기도 했지만, 자신에게 가장 효율적으로 시간을 사용하는 가치를 잘 알고 있었던 것이다. 나는 그녀의 일상을 나에게 맞게 편집해서 더 좋은 시스템을 만드는 데 성공했다. 이렇게 성공한 사람을 따라 하고 반복 훈련을 한다면, 당신도 자신만의 육아 시스템을 창조할 수 있다.

나는 혼자서도 할 수 있는 것이 무엇인지부터 찾아냈다. 그리고 하루 1,440분을 완벽하게 내 것으로 만들었다. 시간을 쪼개어 사용했고 틈틈이 나를 위한 휴식을 우선으로 배치하며 스스로에게 선물을 주었다. 나와 다른 엄마들의 차이는 나는 나를 중심에 두고 육아 시스템을 만들었다는 점이다.

내 시간을 잘 운영하고 나를 주도적으로 관리하면서부터 도리어 아이와 함께하는 시간에 더욱 집중할 수 있었다. 성공적인 육아 시스템을 만들기 위해서는 일상 전체를 주도적으로 끌고 가는 리더가 되어야 한다. 오늘 일을 내일로 미루는 습관이 있다면 즉각 고쳐라. 습관은 생각에 의해 좌지우지된다. 처음에는 의지대로 잘 실행되지 않더라도 포기해서는 안 된다. 만약 자신의 생각과 의지조차 끝까지 지탱할 수 없다면 어떻게 원하는 삶을 만들어 갈 수 있겠는가?

내가 실행한 나만의 육아 시스템의 원칙을 소개한다.

첫째, 멘토를 찾기보다 스스로 멘토링하라. 내가 일하며 아이에게 어떤 도움을 주고 있는지 생각해 보자. 아이에게 더 많은 교육의 기회를 제공할 수 있고, 아이에게 스스로 할 수 있는 시간적 여유를 주는 엄마가 될 수도 있다. 이렇게 생각을 바꾼다면 일할 때는 일에 더 집중하고 집에서는 아이에게 더 집중할 수 있다.

둘째, 우선순위를 정하고 자신을 위한 시간을 버는 방법을 연구하라. 일하는 엄마로서의 성공적인 첫 걸음은 바로 우선순위를 정하는 것이다. 쌓여 있는 일을 닥치는 대로 하는 습관은 끌려가는 삶이 된다. 오히려 스트레스로 인한 짜증을 낼 때가 많다. 밀린 일을 하느라 정작 중요한 일은 미루는 습관이 생긴다. 잠이 모자란다면 과감하게 설거지도 미루고 잠을 선택하라. 나는 자신에게 중요한 것을 먼저 선택함으로써 늘 밝은 엄마가 될 수 있었다.

셋째, 아이와 수시로 대화하라. 이때 엄마는 아이의 이야기를 들어 주어야 한다. 이야기에 공감하고 같은 감정으로 반응하면 좋다. 리액션이 좋은 엄마는 아이를 행복하게 만들지만, 반대로 지시하거나 숙제 검사부터 한다면 아이는 반갑지 않을 것이다.

마지막으로, 모든 일을 멈추고 몇 분이라도 쉬어라. 일과 육아를 모두 완벽하게 해내려 한다면 지금 멈춰라. 앞만 보고 달리다 어느 순간 자신의 모습을 보고 눈물이 나거나 사방을 둘러 봐도 마음 편하게 이야기할 곳조차 없을 때가 있다. 자신이 행복하지 않다면 아이 또한 행복할 수가 없다.

자신을 잘 관리하며 충분한 휴식을 요구할 줄 아는 아내와 엄마가 당당하다. 나만의 기준을 세우고 지나간 시간과 기억에 의존하지 않아야 한다. 나의 미래와 아이가 성장해 살아가는 미래는 완전히 다른 환경이 될 것이다. 지금부터 자신을 위한 시간 투자와 아이를 위한 시간 쪼개기의 균형을 만들어야 한다.

자신만의 육아 시스템을 만들기란 사실 말처럼 쉬운 일은 아니다. 아이들과의 시간은 언제나 변수가 생기기 마련이기 때문이다. 그러나 우선순위를 정하고 시간을 주도적으로 이끌어 간다면 좀 더 빠르게 시스템을 정립할 수 있을 것이다. 또는 내가 마샤 스튜어트의 테크닉을 벤치마킹한 것처럼 나를 벤치마킹해도 좋다. 책에는 미처 소개하지 못한 노하우들을 전달해 줄 수 있으니 도움이 필요하다면 나의 휴대전화 010.9700.8060으로 연락을 주길 바란다. 공감과 조언으로 당신만의 육아 시스템 확립에 보탬이 되어 줄 것이다.

일과 육아를 최고로 해내는
골든타임 원칙

나는 삶이 끝나는 순간, 그저 생의 세월로만 살아왔다는 생각을 하기 싫다.
그 세월과 더불어, 생의 넓이만큼 아름드리 살아왔다고 자부하고 싶다.
— 다이앤 애커먼 —

골든타임이란 긴박한 사건사고가 일어났을 때 인명을 구조할 수 있는 초반의 중요한 시간을 지칭한다. 가정의 골든타임은 아이가 태어나면서부터 발생한다.

나는 30년째 일하는 엄마로 살고 있다. 임신 마지막 달에도 일을 하고 있는 나를 보고 주변 사람들은 보고 있는 자신들이 불안하니 제발 그만두라고 할 정도였다. 나는 프로답게 일하고 싶은 열망과 육아에 대한 욕구를 동시에 가지고 있었다. 육아가 쉬운 일이라면 도전할 이유도 없을 것 같았다. 힘들수록 해내고 싶다는 생각이 간절했다. 솔직히 말하면, 내가 강인하게 성장할 수 있었던 이유는 엄마였기 때문이다.

나는 젊은 엄마들에게 일과 육아를 병행하며 자신의 역량도 키우고 싶다면, '삶에 대한 명확한 목표가 답'이라고 조언한다. 지금 이 순간 힘이 들어 주저앉고 싶을지라도, 포기하고 싶다는 말을 토해내고 싶을 때에도, 명확한 목표는 강력한 버팀목이 되어 준다. 하지만 자신이 일하는 이유를 '돈 벌기'에 두고 경제적인 보탬만 생각한다면, 힘든 상황에 맞닥뜨렸을 때 의지가 약해질 것이다. '자기 발전을 위해서', '아이들에게 멋진 엄마가 되기 위해서'와 같은 가치 중심의 목표를 명확히 하는 것이 좋다.

대부분의 여성들이 육아를 할 때 다른 사람의 말을 맹신하는 경향이 많다. 나는 '내 아이를 가장 잘 아는 사람은 나 자신이다'라는 점을 절대 잊지 않았다. 동시에 틈틈이 일과 육아에 성공한 글로벌 여성들을 섭렵하고 본받으려 애썼다. 그들의 방법을 적절하게 맞추어 나만의 육아 원칙을 만들어 따라 하기도 했었다.

그런데 어느 순간부터 아이를 가슴으로 키우는 것이 아니라 머리로 키우는 것 같았다. 아이들의 적성을 찾기 위해 피아노, 발레, 악기교실을 순례시키고, 친구의 아이들과 비교하며 괜히 무용학원을 바꾸기도 했다. 그 와중에도 어쩌다 아이가 재미있어 하면 특별한 재능이 있다며 당장 재능 교육 계획을 짜는 고슴도치 엄마였다. 나중에 알게 된 사실은, 재능이 있었던 것이 아니라 무용 수업 뒤에 디즈니 영화를 보러 가기로 한 약속 때문이었다. 아이가 기분이 좋아 리듬을 잘 탔을 뿐이었다. "엄마, 또 무용학원에 와야 하면 유치원에 안 갈래."라며 무용학원을 거부한 딸의 한마디로 완전하게 증명되었다.

나는 남들 기준에 따라 헤매던 '학원 순례'를 멈추었다. 대신 아이가 좋아하는 이야기를 들어 주기도 하고 게임도 함께하는 '마마초딩'이 되었다. 마마초딩이란 아이의 눈으로 보고, 듣고, 느끼며 아이보다 더 아이가 되는 엄마를 말한다. 일과 육아를 행복하게 하는 최고의 비결은 아이처럼 생각하고, 아이처럼 놀고, 아이가 좋아하는 것을 진심으로 좋아하는 엄마가 되는 것이었다.

《다시 아이를 키운다면》의 저자인 여성학자 박혜란 선생은 인터뷰에서 젊은 엄마들을 만날 때마다 이렇게 당부한다고 말했다.

"이만큼 살아 보니 아이들을 키우는 시간은 잠깐이다. 지금은 '아이가 대체 언제 크나' 싶어 아득해도 결국 금세 지나간다. 되돌아보면 아이 키운 것만큼 재미있고 행복한 순간은 없었다는 것을 알게 될 것이다. 그러니 마음 편히 육아를 즐겨라. 어차피 아이는 우리 집에 이삼십년 머물다 떠나갈 귀한 손님이다."

나도 만약 시간을 되돌려 다시 아이를 키운다면, 한 가지를 꼭 해 보고 싶다. 빅토리아 베컴처럼 하이힐을 신고 시크한 패션으로 태권도 도장에서 아들을 지켜보는 것이다. 아이와 디즈니 영화만 보지 않고 로맨틱 코미디 영화도 즐기는 여자도 되어 볼 것이다. 물론 엄마가 되는 것은 하나부터 열까지 책임질 일이다. 하지만 엄마가 하루 종일 아이를 지키거나 일과 육아를 완벽하게 하기 위해 정보에 매달릴 필요도 없다.

대신 빈틈없이 완벽한 엄마가 되기 위해 자신을 몰아세우기보다 자신을 더 가꾸고 다른 엄마들이 예상치 못하는 패션 아이콘이 되어 보는 것도 좋지 않을까? 그러기 위해서는 남들 기준에 따르지 않고 내 아이와 자기 자신, 가족의 목표 정리가 필요하다.

아이는 혼자 낳았느냐고 남편에게 목청을 올리거나 자신감을 잃지 말자. 임신이라는 낯선 상황 속에서도 치열하게 일하며 출산을 한 엄마는, 자신에게 잘 맞는 원칙으로 역경을 극복할 수 있다. 다만 몇 가지 원칙을 세우고 자신에게 맞는 방법으로 꾸준히 지켜 나가야 한다.

첫째, 용기 있는 포기다. 엄마라면 일과 육아 중 한쪽을 선택해선 안 된다. 대신 내가 할 수 있는 것에 몰입하고 해낼 수 없는 것은 용기 있게 포기할 줄 알아야 한다. 아이의 감정을 엄마의 시선으로 해석하는 만큼 부정확한 것도 없다. 주관적인 감정에 얽매이지 말고 주변의 도움을 수용하자.

둘째, 틈틈이 자신을 위해 시간을 모아라. 일을 효율적으로 하는 사람은 일의 우선순위를 정한 다음 미루지 않는다. 직장에서는 일에 몰입하고, 집에서는 나와 가족에게만 집중하라. 아이 옆에서 책을 읽거나 스트레칭을 하는 것도 좋다. 나는 아이와 함께 커플 스트레칭 놀이를 하며 웃었던 시간이 지금도 그립다.

셋째, 위기를 기회로 활용하라. 나는 늘 꿈꾸는 엄마로서 존재감을 드러냈다. 경제적으로 힘들 때는 악착같이 돈을 벌었다. 아이 봐 주는 사람이 갑자기 나타나지 않을 때는 아이들을 맡길 수 있는 집을 마지막 1분까지 찾아냈다. 하지만 절대로 내 꿈을 포기하는 것과 협상하진 않았다.

대부분 엄마들을 고민에 빠뜨리는 이유 중 한 가지는 나보다 다른 사람의 육아가 훨씬 좋아 보이는 것이다. 이 또한 자신만의 원칙을 적용하지 않기 때문이다. 육아시기가 지난 엄마들도 나름대로 고민이 있었다. 나는 큰아이가 한 살이 채 되지 않았을 때 아이들이 모두 독립한 지인에게 "아이가 빨리 컸으면 좋겠어요. 그럼 여행도 갈 수 있을 것 같은데…"라며 하소연했다. 그녀는 "아휴! 나는 자네가 부럽네. 아이가 어리다는 것은 아직 젊다는 뜻이야. 아이들 모두 독립해서 나가 봐. 그 순간이 그리워질 거야"라고 답했다. 그녀는 차라리 육아로 인한 고단함이 그립다며 하소연했다.

만약 주변 상황으로 인해 자주 흔들린다면, 자신만의 골든타임 원칙을 적용해 보자. 아이 양육은 10년 남짓이다. 그 후 당신은 무엇을 할 것인가? 일과 육아를 모두 완벽하게 잘해 내고 싶은 워킹맘의 욕심을 버려라. 대신 육아 때도 하이힐을 신는 과감한 선택의 주인공이 되자. 일을 놀이처럼 즐기는 이기적인 엄마가 육아라는 마라톤에서 승리할 수 있다. 나는 이 방법으로 엄마로서 일과 육아를 최고로 해낼 수 있었다.

감사육아일기를 써라

나는 "고맙습니다. 나는 진실로 복 많은 사람입니다."라고
말하지 않고 지나간 날이 단 하루도 없다.

− 오프라 윈프리 −

2014년 한 육아용품 브랜드에서 조사한 자료에 따르면, 부모
들이 육아를 하며 행복이나 사랑스러움 같은 기쁨의 감정을 느끼
는 경우는 겨우 14%로 나타났다. 나머지는 힘듦, 미안함, 걱정, 두
려움, 슬픔, 답답함과 같은 부정적 감정이었다. 왜 이렇게 여성들
은 출산, 육아의 병행에 불안과 두려움을 느끼는 것일까?

정부의 정책이나 직장의 육아 지원제도에 따라 불안하기도 하
고, 주변에 도와줄 사람이 있느냐 없느냐 하는 환경이 문제가 되
기도 한다. 무엇보다 여성에게 가장 큰 부담은 슈퍼우먼 신화다.
슈퍼우먼이란 일, 살림, 육아 모두 완벽하게 잘하는 여성을 말한
다. 이렇게 일과 육아를 행복하게 해내기엔 넘어야 할 상황이 너
무 많다. 온전히 행복한 육아를 하기란 쉽지 않은 현실이다.

이런 상황에서도 주도적으로 육아 환경을 만들고 센스 있는 육아를 하는 여성들이 있다. 물론 아이를 대신 돌봐 줄 사람이 있는 경우가 대부분이다. 반면에 나는 부모님도 멀리 계시고 사람들의 도움을 받을 수도 없었다. 그래서 내 마음이 흔들리지 않도록 통제했다. 엄마와 아이 사이는 마음으로 연결된 밀접한 관계라는 사실을 확신했다.

나는 아이에게 나의 행복한 마음과 감정이 전달되도록 하기 위해 매일 일기를 썼다. 아이들 덕분에 엄마가 될 수 있었던 행운에 감사했다. 아이들이 자라는 과정을 있는 그대로 받아들이며 일기 쓰는 것을 즐겼다. 그렇게 혼자만의 느낌을 써 나가는 동안 일기는 남들이 함부로 이래라 저래라 할 수 없을 만큼 나와 아이가 함께 나눌 수 있는 끈끈한 힘이 되어 주었다.

엄마들 대부분이 감사하는 마음보다 자책감을 더 많이 갖는 것이 안쓰럽다. 충분히 잘하고 있지만 늘 자신이 모자란다고 여긴다. 아이를 봐 주는 사람들의 도움을 받아도, 자신의 부재로 아이가 힘들었을 것으로 상상하는 것이다. 나는 그런 이야기를 들으면 "그것은 엄마가 아이를 보고 싶어 하는 마음 때문"이라고 말한다.

열아홉 살에 결혼해 원조 워킹맘으로 사셨던 친정어머니는 딸들에게 부탁 반, 염려 반의 심정으로 이런 말씀을 하셨다.

"여자가 결혼을 하고 아이를 키우다 보면 수많은 벽이 앞에 놓이게 될 것이다. 그럴 때마다 엄마는 그저 아이를 믿으면 된다. 아이는 엄마와 함께 열 달을 이겨 내고 엄청난 노력으로 이 세상에 태어난 것이다. 그래서 아이는 태어나는 순간 이미 모든 행복을 부모에게 선물한 것이란다. 그저 정성으로 새싹이 돋고 꽃이 피어나도록 아이에게 감사하는 엄마가 되도록 '마음그릇'을 잘 닦아야 한다."

어떠한 순간에도 아이가 엄마 품에 돌아올 수 있도록 늘 같은 마음으로 그 자리에 있으면 된다는 말씀이라는 생각이 들었다. 힘들더라도 계속 아이를 보듬다 보면 아이들은 엄마라는 디딤돌 덕분에 잘 자라게 되어 있다.

일과 육아로 지칠 때면 나는 어머니 말씀처럼 마음그릇을 닦았다. 하루 10시간 넘게 서서 일할 때도, 아줌마 학생으로 복학했을 때도, 50세가 넘어 대학원 공부를 시작했을 때도, 15년 넘게 다닌 직장을 그만두고 창업을 해 시련을 겪을 때도 아이에게 감사하는 마음을 멈추지 않았다.

불안한 감정을 극복하기 위해서는 먼저 아이가 성장하면서 경험했던 '성장 행동'을 기억해야 한다. 처음 목을 가누던 날, 나를 마주보며 방긋 눈으로 대답하던 순간, 아침에 눈을 뜨니 아이가 머리맡에 앉아 있어 놀랐던 날 등 아이의 경이로운 성장 행동들을 자연스럽게 받아들이며 엄마의 커다란 마음그릇을 준비하면 된다. 매뉴얼대로 아이를 키우는 숙련된 교육자가 될 필요는 없다.

그럼에도 불구하고 왜 우리는 육아에 자신이 없을까? 부모의 역할을 완벽하게 수행해야만 한다는 조급한 생각 때문이다.

슈퍼맘들은 대부분 하루 종일 아이 중심으로 생활한다. 육아 정보에 과민하게 반응하며 다른 아이와 내 아이를 계속 비교하다 스스로 스트레스를 키우기도 한다. 충분히 잘하고 있지만 그 기준에 맞지 않는다는 생각에 자신을 부족한 엄마라고 자책하는 것이다.

나도 아이를 키우면서 스스로 자책할 때가 자주 있었다. 내가 어떤 상황에 있는지, 과연 지금 아이를 맡기고 일하는 것이 좋은 선택인지 수시로 의문이 들었기 때문이다. 하지만 진정한 감사육아일기를 쓰면서부터 내 마음에 여유가 생기기 시작했다. 감사육아일기는 아이의 성장과정을 기록하는 것이 아니다. 감사육아일기는 내 삶의 이야기이자 가족의 다큐멘터리다. 자신이 원하는 인생의 청사진을 만들 수도 있는 기록메모장이다.

"야생 동굴은 정글 속에서 아름답고, 아기는 엄마 무릎에 있어야 아름답다."

진정한 엄마의 사랑을 뜻하는 속담이다. 엄마의 사랑은 아름다운 것이며 그 사랑을 자연 그대로 둘 때 아름다움이 계속 유지된다는 것이다. 이제부터 관점을 바꿔 생각해 보라. 아이를 소유하는 사랑이 아니라 아이에게 감사하는 사랑을 토대로 감사육아일기를 적어라.

감사육아일기를 적는 방법에는 세 가지가 있다. 첫째, 아이의 성장과정을 중점으로 기록한다. 둘째, 나를 중심으로 일어나는 일상을 기록한다. 셋째, 아이와 나, 가족에게 감사하는 마음을 적는다. 이렇게 감사육아일기를 자신의 감정을 통제하는 도구로 활용하자. 종이와 펜을 준비하고 지금 당장 한 줄이라도 적어 보자.

종이 한 장을 반으로 접고 한쪽 면에 자신의 강점을 쓰고, 반대쪽에는 자신에게 감사하고 사랑한다는 말을 적어 보자. 우리는 행복하게 살기를 바란다. 그런데 힘들고 우울한 기분은 오래 기억하는 반면, 기쁘고 감사한 일은 곧잘 잊어버린다. 기분을 좋게 유지하는 것은 마음먹기 나름이다. 일상의 작은 일들을 감사육아일기로 확실하게 적어 보는 행동만으로도 쉽게 행복을 얻을 수 있다.

일과 육아를 행복하게 해내는 비결과 엄마의 마음 사이에는 밀접한 관계가 있다. 자신과 아이의 성장을 즐기지 않고 완벽한 육아에만 집착한다면 엄마의 삶은 불행해질 수도 있다. 씨앗이 죽어야 비로소 싹을 틔울 수 있는 것처럼 도중에 넘어야 할 장애물도 많고 시행착오가 따른다. 그럴 때마다 마음을 기쁘게 유지하도록 노력하는 수밖에 없다. 제 아무리 어려운 상황이라도 포기하지 않고 노력하는 사람이 진정한 승자다.

08

아이와 엄마가 행복해지는
덧셈육아를 하라

아무것도 바라지 않을 때가 최고 행복이다.
극히 작은 것밖에 바라지 않을 때가 그다음 가는 행복이다.

- 소크라테스 -

나의 아침은 《이상한 나라의 앨리스》의 명대사로 시작된다.

"내 기분은 내가 정해. 오늘은 '행복'으로 할래."

나는 똑같이 직장을 다니고 똑같이 살림을 하는 다른 엄마들보다 항상 밝고 에너지가 넘쳤다. 그래서 주변 사람들은 내가 가족들의 적극적인 지원을 받고 있는 줄 알았다. 반대로 나는 산후조리도 못할 정도로 도움을 받지 못했다. 하지만 처한 상황이나 여건도 물리칠 수 있을 만큼 강력한 무기가 있었다. 그것은 '틈틈이 습관'이었다.

예를 들면, 어떤 상황에서도 주어진 시간을 효율적으로 사용하는 습관, 한꺼번에 몰아서 일 처리를 하는 습관, 쓸데없는 걱정거리를 만들지 않는 긍정생각 습관, 마음먹는 즉각 실행하는 습관들이다. 나의 일상은 습관으로 시작해 습관으로 연결되는 하루다. 그중에서도 아주 특별한 나만의 17초 아침의례가 있다. 내 감정을 선택하는 이 순간은 언제나 아침에 눈을 뜨기 직전이다. 이상한 나라의 앨리스처럼 내 기분을 내가 선택하고, 그 기분을 유지하는 좋은 습관을 행동으로 옮기면서 엄마로, 여자로, 나의 하루가 시작되었다.

"기적이란 오직 습관에서 온다. 올림픽에서 금메달을 따는 운동선수도 타고난 영재라 생각되는 공부의 신들도 탁월한 성과를 만들어 내는 비즈니스맨도 마찬가지다. 성공하는 습관을 만들지 못하면 어느 것 하나 이루기 어렵다. 습관은 우리가 만들지만 나중에는 그 습관이 우리 자신을 만든다. 성공한 모든 이들의 공통점은 자의든 타의든 습관을 만드는 법칙을 알고 있다는 점이다."

공부의 신으로 유명한 대한민국 최고의 청춘 멘토 강성태 작가의 《강성태 66일 공부법》 중 한 구절이다. 그는 책에서 영국 런던의 한 대학에서 진행된 '행동습관 실험'에 대해 언급했다. 생각 자체를 하지 않아도 하게 되는 상태, 습관을 만드는 데는 평균 66일이 걸리며, 그 습관을 만드는 기본 조건은 확신과 믿음이라고 설명했다. 또한 어떤 꿈을 꾸더라도, 어떤 목표를 가졌더라도 그것을 실현하는 핵심은 '자신을 다스리는 좋은 습관'이라고 강조했다.

나도 아이를 키우면서 한 가지 목표를 세웠다. 어떠한 경우라도 '아이와 나를 행복하게 만드는 엄마'가 되는 것이었다. 나를 중심으로 반드시 행복한 기분을 만든다는 철칙도 세웠다. 그리고 익숙해진 소소한 습관들을 하나씩 바꾸기 시작했다.

가령 허기지면 예민해지는 나를 위해 가방 안에 항상 건강 스낵을 넣고 다녔다. 오전에 카페라테 한 잔을 마신 후에는 물 이외는 마시지 않았다. 행복한 엄마가 되려면 건강한 체력이 필수라는 생각으로 틈틈이 몸 관리를 했다. 엄마의 몸 상태 때문에 아이에게 괜한 짜증을 내지 않기 위함이었다. 그때 시작된 나의 몸 관리 습관은 30년째 이어져 오고 있다. 이런 일상의 노력들이 나의 역량을 키우는 데 결정적인 역할을 하게 되었다. 바른 자세를 연구하며 생활했고 그 방법을 책으로 소개하는 전문인까지 된 것이다.

사회가 복잡해지고 현대화되면서 맞벌이 부부가 늘어났다. 특히 몇 사람의 역할을 해내고 있는 일하는 엄마들의 경우 할 일이 태산이다. 몸이 두 개였으면 좋겠다는 생각을 매일 한다. 만약 처한 상황과 조건을 바꿀 수 없다면, 우리가 할 수 있는 것은 단 한 가지다. 행복한 엄마로 행복한 아이를 키울 수 있는 행복한 습관을 만드는 것이다.

나는 쉬는 날이면 가끔 아이의 친구들을 집으로 초대했다. 내 아이가 호스트로서 친구들과 어울릴 수 있도록 서포터 역할을 자청한 것이다. 새로운 학년이 시작되면 아이의 생일파티를 열어 친구들과 교류할 수 있는 기회를 준다거나, 일 년에 한두 번은 교내 봉사활동에 자원하는 것도 아이의 학교생활을 이해하는 데 도움이 되었다. 나는 일하는 엄마로 살면서 아이의 습관 교육에 가장 중점을 두었다. 왜냐하면 습관은 아이의 평생을 좌우하기 때문이다. 또한 습관은 일상 속에서 저절로 익숙해지는 것이기 때문에 특별한 테크닉이 필요 없다. 아이들은 스스로 해결하는 경험을 통해 독립적인 아이로 성장한다. 무조건 엄마가 보살펴주는 것만이 최고의 육아는 결코 아니다.

며칠 전 라디오에서 초등학생들의 명언집을 소개하는 것을 듣고 크게 놀랐다. 성숙한 내용이 마치 삶을 깊이 되돌아보는 어른 같았다. 물론 그중에는 "도로를 건널 때는 신호등을 지키고 손을 들고 건너간다."라는 귀여운 문구도 있었다. 아이들은 어리지만 이미 스스로 해야 하는 것과 하지 말아야 하는 점들을 나름대로 파악하고 있었다. 이렇게 아이들은 어른들이 알고 있는 것보다 훨씬 속이 깊다는 점을 인정하자.

나는 식사시간에 밥이나 반찬을 아이가 직접 더 가져다 먹도록 했다. 힘들게 저녁을 준비한 엄마가 쉬면서 식사할 수 있도록 배려하는 태도를 가르친 것이다. 마찬가지로 나도 아이들이 좋아하는 애니메이션을 볼 때는 가끔 저녁시간을 조정해 주었다. 아이들의 행복한 순간을 존중하는 엄마의 마음이었다. 덧셈육아란 이렇게 아이와 함께 성장하는 마음으로 서로의 일상을 존중하는 태도다. 무조건 아이의 일정을 좋은 프로그램으로 꽉 채운다거나 아이의 감정을 소홀히 대하지 않아야 한다.

사람이 자라온 환경이나 성격 등이 모두 다른 것처럼, 엄마도 자신의 기분을 행복하게 유지하는 방법을 계발해 보자. 나는 블로그에 일상 이야기를 올리며 사람들과 소통하기를 좋아한다. 또한 다른 사람의 블로그를 방문해 여행 사진도 보고 재미있는 이야기도 공유한다. 이렇게 자신의 일상을 행복하게 유지하는 방법을 몇 가지 선택해 보자. 그런 다음, 일일 행복관리부터 주간 행복관리까지 꾸준히 지키는 습관으로 키워 나가라.

아무리 화려하고 거창한 계획을 세우더라도 지키지 않는다면 헛일이다. 아이들과 나의 행복이 두 배로 커지는 전략 짜기, 여유 있는 시간 즐기기, 생활 단순화하기, 자기계발을 위해 투자하기에 대해 구체적인 계획을 짜야 한다. 사소하게 여긴 일상들이 의외로 더욱 큰 행복을 주었다는 점도 알게 될 것이다.

남편의 인생까지 바꾸는
여자의 자기경영법

01

남편은
내 평생의 명작이다

남자의 집은 아내다.
- 《탈무드》 중에서 -

얼마 전에 후배가 갑자기 문자를 보냈다.

"연애를 10년을 넘게 했는데도 결혼을 해 보니까 그 남자가 그 남자가 아니야."

후배는 연애할 때와 너무 다른 남편이 서운하다며 넋두리를 했다. 나는 "이제 알았어? 그게 결혼의 진실이야."라고 답하려다 너무 입바른 소리가 될 것 같아 다른 답을 골랐다.

"남편을 드라마 속 주인공과 비교하면 네가 바보야. 현실에는 없는 환상일 뿐이야."

이렇게 부부는 서로에게 여러 가지 기대를 가지고 살아가지만 그것은 주로 세상의 기대에 맞물려 있다. 그렇다면 후배의 남편은 아내를 어떤 시선으로 보고 있을까?

후배는 꿈꾸던 이상형의 남자를 만나 두 살, 다섯 살 아이를 둔 30대 엄마다. 아이가 생기면서 자신의 에너지를 온통 아이들에게 쏟고 남편은 보이지도 않았다. 그렇게 시간이 흐른 후 정작 남편과는 점점 대화가 단절되고 있다는 것을 알게 되었다. 그녀는 남편과의 관계를 개선하고 싶어 책도 읽고 워크숍에도 참가하며 노력했다. 하지만 어색한 것은 여전했다. 남편이 자신에게도 아이들에게 쏟는 관심의 반만이라도 보여 달라는 부탁을 할 정도로 그녀는 육아밖에 생각하지 않았다. 그녀는 남편에게 무관심한 것이 아니라 육아에 지쳐 마음의 여유가 없을 뿐이라고 말했다.

남편에게도 아내가 필요하다. 아내가 온통 아이들에게만 정신을 쏟고 자신을 거들떠보지도 않으면 엄청나게 서운하다. 물론 육아로 힘든 아내를 머리로는 이해하지만 마음으로 이해하긴 힘들다. 부부에게 가장 중요한 점은 서로의 존재를 확실하게 인정하는 것이다. 살다 보면 사소한 일이 크게 확대되거나 의도하지 않았던 상황 때문에 다투기도 한다. 하지만 이때도 서로 예의를 지켜야 한다. 다투더라도 경멸하는 말은 하지 않아야 한다. 말로 준 상처는 영원히 지워지지 않는 흔적을 남기기 때문이다.

아내는 자신이 말하지 않아도 남편이 알아채 주길 바라고, 남편은 아내가 원하는 것을 명확하게 말해 주기를 바란다. 이런 차이가 바로 속으로 끙끙대다 한참 뒤에 쏟아 내는 아내의 이야기를 전혀 알아듣지 못하는 남편을 만드는 것이다. 그럴 때 가장 절실한 태도가 '서로에게 관심 두기'다.

아무리 힘들어도 결혼생활 중 다음 세 가지는 반드시 지켜야 행복할 수 있다. 첫째, 부부가 인생을 같은 방향으로 바라보는 것, 둘째, 함께 가는 과정을 배려하고 존중하는 것, 마지막으로 서로가 소중한 사람이라는 사실을 항상 기억하는 것이다.

실제로 아내로부터 배려와 존중을 받는 남편은 어떠한 역경도 이겨 낼 수 있는 용기가 생긴다. 나의 내조는 남편이 일에 집중할 수 있게 배려하는 것이다. 사소한 집안 문제나 일상 문제들을 쏟아 내 남편의 마음을 복잡하게 하지 않으려 노력한다. 가령, 팀과 협업하는 프로젝트 작업이 많은 남편을 위해 전화를 하지 않는다든지, 식사할 때는 즐겁고 가벼운 이야기를 주로 나누는 것 등이다.

가정을 책임지는 가장인 남편이 큰사람이 되길 원하면 가장 먼저 아내가 남편을 큰사람으로 대접해야 한다. 자신과 성향이 다른 남편을 공격하거나 앞뒤 재지 않고 성급하게 판단을 내리는 것은 자칫 비난처럼 느껴질 수도 있다. 내가 먼저 남편에 대한 초심을 떠올리며 성심성의껏 대하는 아내가 된다면 남편의 든든한 존재가 될 수 있다. 결혼생활은 연애시절보다 훨씬 많은 배려와 관심이 필요하다.

왜 가정에서 존중받는 남편이 밖에서도 당당할까? 대부분의 남자들이 바깥에서 일어나는 일을 집에서 상세하게 설명하지 않는다. 그 이유는 여전히 남자는 용감해야 하고 힘든 모습을 여자에게 보이면 나약해 보인다는 생각 때문이다. 하지만 이런 생각은 옳지 않다. 남편도 약해질 수 있고 의지하고 싶을 때가 있는 보통 사람이다. 집에 돌아오면 외부에서 치열하게 겪었던 상황을 내려놓고 아내에게 토닥거림을 받고 싶어질 때가 있다. 사랑하는 아내가 자신을 평생의 명작으로 대할 때 남편은 세상이 두렵지 않다.

남자는 여자보다 감정 표현에 능숙하지 못하다. 아내가 먼저 "맞아요. 나도 그런 생각을 했어요."라고 맞장구쳐 주자. 이러한 아내의 태도가 중요한 것은 남편이 아내와 안심하고 대화할 수 있다고 느끼기 때문이다.

또한 남편의 가치관이 다른 점을 존중해야 한다. 자신과 똑같은 생각을 강요하거나 다른 집 남편과 비교하는 아내에게 용기를 얻는 가장은 없을 것이다.

그럼에도 불구하고 가족은 참 불가사의한 관계다. 서로를 가장 아끼고 사랑하지만 반대로 깊은 상처를 주기도 한다. 셰익스피어는 "나는 후회하기 위해 결혼한다."라고 말했고 어떤 기혼자는 "혼자 살면 외롭고 둘이 살면 괴롭다."라고 말했다. 그만큼 부부는 수많은 오해와 편견을 가지고 살 수도 있다. 그중 여성들이 가지고 있는 남편에 대한 대표적인 오해는 대부분 이런 것이다.

"남편에게는 모든 감정을 다 표현할 수 있어야 한다."

"사랑하기 때문에 남편에게 무조건 큰 기대를 가져도 된다."

만약 이런 생각을 한 적이 있다면 시간이 흐를수록 외로워질 것이다. 남편도 아내에게 자신의 감정을 있는 대로 말하고 싶다. 남편은 나의 감정을 쏟아내는 대상이 아니라는 점을 기억하자. 행복한 부부의 첫걸음은 예의를 지키는 것에서 시작된다. 다른 인간관계에서는 문제되지 않는 사소한 일들이 부부 사이에서는 문제가 되기도 한다.

내가 원하는 모습을 요구하고 그것을 수용했을 때만 사랑하는 것은 사랑이 아니다. 사랑은 있는 그대로 받아 주는 것이다. 사회는 내가 성과를 내지 못하면 바로 퇴출당하지만, 가족은 내가 잘하든 못하든 언제든지 돌아와서 쉴 수 있는 안식처가 되어야 한다. 아무리 격한 감정에 휘둘리더라도 지나치게 말을 함부로 하거나 퍼붓는 실수는 절대 해서는 안 된다. 남편은 세상의 인정보다 옆자리를 지켜 주는 아내에게서 더 큰 에너지를 얻는다. 진정한 결혼은 언제나 그래왔듯이 서로간의 노력의 산물이다.

02

내 삶을 대하듯
남편을 대하라

행복한 결혼생활에서 중요한 점은 '서로 얼마나 잘 맞느냐'보다
'다른 점을 어떻게 극복해 나가느냐'다.
- 레프 톨스토이 -

그녀의 첫인상은 부유한 여성 기업인이다. 금전운이 있어 보이는 동그란 얼굴형에 달변가인 그녀는 정치, 경제, 예술, 문학의 장르에 구분 없이 박학다식했다. 그래서 이야기의 흐름을 끌고 갈 때가 많았다. 다양한 그룹의 사람들과 작은 파티 자리를 좋아하는 그녀의 파티에 참석했던 날이다. 한창 분위기가 편안해질 무렵 갑자기 그녀가 한마디를 툭 내뱉었다.

"잘난 척하지마. 결혼할 때 나한테 줄 선 남자들 많았어. 올챙이 시절 다 잊어버렸어?"

옆에서 말을 듣고 있는 상대는 그녀의 남편이었다. 그녀는 수많은 남편 후보들 중에서도 가장 조건이 열악했던 지금의 남편을 선택해 결혼했는데, 그 이유가 그의 사주가 뒤로 넘어져도 황금이

쌓이는 사주였기 때문이라고 했다. 그래서 자신의 희생 덕분에 성공한 남편이 자신을 대하는 태도가 괘씸하다며 수시로 분개했다.

그녀가 남편을 대하는 태도를 보면서 우리는 모두 살얼음판을 걷는 기분이었다. 그녀의 남편은 사회적으로 널리 알려졌으며 존경받는 인물이었다. 하지만 가정에서의 그의 지위와 역할은 확실하게 달랐다.

부부관계 연구로 유명한 미국의 존 가트맨 박사는 사이가 좋고 가까운 부부들을 '관계의 달인'이라 부르고, 불안정하고 갈등이 많은 부부를 '관계의 폭탄'이라 부른다고 한다.

관계의 달인은 저녁식사에서 생동감 있는 표정과 태도를 보이는 아내가 고맙다. 남편은 자신을 큰 인물로 대하는 아내가 소중하며 또한 그런 남편의 존중을 받는 아내도 행복하다. 반면, 관계의 폭탄은 배우자를 부정적인 감정으로 대하며 수시로 비난과 경멸을 퍼붓는 사람이다.

남편을 큰사람으로 성공시키고 행복한 결혼생활을 꿈꾼다면 아내가 먼저 남편을 큰사람으로 대해야 한다. 내조란 '남편을 돕는다'는 뜻이다. 일방적인 희생이 아니라 남편이 자기 일에 집중할 수 있도록 사소한 감정을 통제할 줄 아는 마음이다. 가트맨 박사가 말하는 관계의 달인도 일상 속에서 서로를 귀하게 여기고 배려하는 관계일 것이다.

젊은 시절의 내가 자신을 어떻게 대할지 몰라 혼란스러워했다면, 지금의 나는 계속 변화하며 성숙한 내조를 하는 아내로 살고 있다. 남편은 새로운 일을 시작하면 주변에 일어나는 상황은 거의 신경 쓰지 않는 타입이다. 그만큼 혼을 뺄 정도로 집중력을 요구하는 직업적 특성 때문에 나는 했던 말을 반복해야 할 때가 많다. 처음 만났을 때는 나에게 관심이 없는 듯 툭툭 던지는 말투와 금방 잊어버리는 그의 모습이 박력 있게 느껴졌다. 하지만 그것은 박력이 아니라 무엇이든 시작하면 모든 주변 상황을 완벽하게 잊어버리는 집중력이었다.

나는 이런 남편에게 전혀 불만이 없다. 도리어 남편이 더욱 강력한 에너지를 뿜어낼 수 있도록 어떤 건강식을 준비해 줄까 생각하는 일이 즐겁다. 일하는 아내로서 틈틈이 남편을 위한 내조 방법을 생각할 시간은 부족하지만, 남편이 행복해할 때 내가 얼마나 중요한 아내인지 느낀다.

나의 아버지는 술을 드시기 시작되면 만취할 때까지 술자리를 뜨지 않는 나쁜 습관이 있었다. 그때마다 어머니는 곤혹스러워하셨다. 그러면서도 애주가인 아버지를 위해 온갖 과일주를 철마다 준비하셨다. 술 드신 다음날에는 계란 노른자에 들기름을 부어 식전에 드시게 했고, 황태콩나물국을 정성 들여 끓여 내셨다. 어릴 적 나는 이런 어머니를 이해할 수 없었다.

"술 드시는 것 빼고는 아버지만큼 머리 좋은 사람은 본 적이 없어. 너희 4남2녀 다 합해도 아버지 머리는 못 따라갈 거야. 내 친구들은 네 아버지 전화 목소리만 들어도 부러워한단다. 얼굴도 미남인데 목소리까지 중후하다고 말이야."

요즘 말로 표현하면 어머니는 콩깍지가 두껍게 씐 상태였다. 이렇게 남편을 최고로 알던 어머니는 50년을 함께 한 아버지께서 먼저 돌아가셨을 때 인생의 가장 큰 시련을 맞으셨다. 어머니는 아무리 힘든 일이 생겨도 아버지에게 세상의 잣대를 함부로 휘두르지 않으셨다. 언제나 아버지를 최고로 대하셨다.

부부는 서로의 장점을 알아 본 행운아라는 생각이 든다. 시시콜콜 일어나는 크고 작은 일들은 우리가 살아 있다는 증거다. 서로 어려움을 격려하고 이겨 내는 관계가 부부라고 생각해 보자. 혼자 걸어가는 삶의 길 위에 나와 함께 가는 사람이 있다는 것은 행복이다.

나는 갑작스런 퇴직과 창업 실패로 감정의 변화가 잦은 날들을 보낸 적이 있다. 결과를 미리 예측하며 불안해하거나 기대했던 일이 이루어지지 않으면 인정하지 못했다. 그런 나를 바라보는 남편은 나보다 더 힘들었을 것이다. 하지만 남편은 나를 묵묵히 지원하며 용기를 주었다.

"살아가면서 가장 후회되는 날은 웃지 않은 날이라는 말을 들었어요. 아마도 인생의 비밀을 모두 깨달은 사람의 말인 것 같아요. 당신도 이 말을 기억하고 웃어 봐요."

부부는 서로를 존중해야 한다. 보이지 않는 사소한 배려를 포함한다. 현재 내가 가장 존중하는 사람은 남편이다. 우리는 서로에게 일심동체를 요구하지 않으며 일방적인 희생을 강요하지 않는다.

결혼을 하나의 자아를 찾는 과정이라고 생각해 보자. 결혼은 바닷가에 정박해 놓은 배와 같다. 배에서 뛰어 내려 바다를 헤쳐 가는 것은 부부 각자가 할 몫이다. 자기 힘으로 세상에 맞서고 앞으로 나아가는 방향을 잘 잡아야 한다. 그러다 보면 풍랑도 만나고 옷도 젖지만 함께 갖가지 고생을 감수할 가치가 있는 것이 결혼이다. 그 모든 것을 함께 격려하고 사랑하며 존중한다면, 너무도 아름답고 특별한 삶을 선물 받을 것이다. 내가 먼저 남편을 존중하고 대접해 주며 함께 행복한 삶의 바다에 뛰어 내릴 준비를 해야 한다.

03

남편을 타인의 시선으로
바라보라

마음으로 보아야만 정확하게 볼 수 있어.
가장 중요한 것은 눈에는 보이지 않는 법이야.
- 《어린 왕자》 중에서 -

어느 토요일 아침, 새로 이사하는 교육센터의 인테리어를 하기 위해 남편과 함께 대형 가구점에 갔다. 장기 프로젝트로 낮과 밤의 구분이 없을 만큼 강행군을 하던 남편이 쉬는 첫날이었다. 주말 오후의 매장은 사람들로 발 디딜 틈도 없을 만큼 복잡했다. 그 가운데 딱 맞아 떨어지는 소품을 찾는 아내의 고집을 맞추느라 남편은 진땀을 흘렸다. 남편은 어깨를 톡 치며 이렇게 말했다.

"내가 여성자기경영스쿨의 시설관리 팀장인거 알죠?"

남편은 평소에도 자칭 월급 없는 팀장으로서 독특한 취향을 가진 아내를 맞출 수 있는 유일한 사람은 자신뿐이라며 농담을 했다. 함께 기분 좋게 대화하며 일을 즐겁게 하는 우리 부부를 친한 후배는 '개미부부'라고 놀린다.

"개미부부는 부지런하고, 협동을 잘하며 서로 초긍정 에너지를 주는 부부에게 붙여 주는 나의 선물이에요."

후배는 우리 부부처럼 성향이 다른 부부도 드물어 보인다고 한다. 남편은 단거리 달리기 선수처럼 일하고 쉴 때는 완전히 힘을 빼고 쉰다. 나는 또박또박 단계를 밟으며 일하고 쉬면서도 스트레칭을 한다. 하지만 우리가 주고받는 대화를 들어 보면 한 가지 공통점이 있다고 했다. 두 사람 모두 서로가 존중받는 느낌이 들도록 말한다는 것이다.

남편은 좀처럼 일에 관련된 이야기를 집에서 하지 않는 사람이지만 나는 그에게 배려받고 있음을 느낄 수 있다. 서로의 차이를 존중하고 중요한 생각들은 일상에서 충분히 공유하기 때문이다. 우리는 무엇보다 서로를 타인의 시선으로 바라보려 노력한다. 타인의 시선이란 예의를 갖추고 주관적인 감정을 배제하는 태도를 말한다. 가까운 사람의 감정일수록 소홀히 하기 쉽기 때문이다.

나는 여성자기경영스쿨의 수강생들에게 "부부의 행복은 세상을 바라보는 관점과 안목을 서로 적절하게 맞추어 나가는 노력에 의해 완성된다."라고 말한다. 행복한 부부와 불행한 부부를 정의하기는 힘들다. 부부는 서로 다른 성장과정을 거치고 주관적인 삶의 방향을 가진 사람들이다. 어쩌면 서로에게 '가장 익숙한 낯선 사람'처럼 대하는 것도 좋다. 자신이 바라는 대로 삶이 전개되지는 않더라도 서로 존중한다면 힘든 상황도 훌훌 털고 나아갈 수 있다.

남편을 고쳐서 내가 편하게 산다는 생각은 위험하다. 그보다 어떻게 남편과 잘 맞추고 살 수 있을지 고민하고, 남편의 마음을 먼저 챙기는 배려를 보여라. 남편은 아내에게 위대한 사람으로 보이고 싶다. 다시 말해 세상의 모든 남편들이 가장 먼저 자신의 위대함을 증명하고 싶어 하는 대상은 단연코 사랑하는 아내다. 그래서 아내가 자신을 존중해 주면 밖에서 일할 때 가장 든든한 버팀목이 된다. 남편도 아이처럼 아내에게 칭찬도 받고 싶어 한다.

아내들은 남편이 가사 일을 도와주길 바란다. 하지만 일을 마치고 집에 돌아온 남편이 단 몇 분만이라도 편안하게 쉴 수 있는 시간을 주는 것도 필요하다. 자신의 일을 인정해 주고, 그것을 행동으로 보여 주는 아내를 고맙게 생각하는 남편이 될 것이다.

나는 남편이 나를 시시콜콜 돌봐 주기를 원하지 않는다. 오히려 밝은 긍정의 에너지로 해결할 수 있는 방법을 생각하며 적극적으로 행동한다. 예를 들면 월요일부터 금요일까지는 남편과 가벼운 대화를 나눈다. 뉴스를 보며 사회적 이슈 이야기도 관심 있게 경청한다. 남자의 시선으로 본 세상 이야기를 들으면서 내가 미처 보지 못한 관점을 깨달을 때도 많다. 공통으로 사회적 소속감을 공유할 수 있는 대화를 나누면, 남편도 아내를 편하게 이야기를 나눌 수 있는 동반자로 생각하게 된다.

솔직히 말하면, 우리 집에서 문제가 있을 때 전체를 해결해 나가는 리더는 남편이다. 하지만 스스로 운을 끌어 오는 능력이 있다고 큰소리치는 나의 초특급 긍정 에너지 덕분에 일이 잘 풀리는 것도 사실이다. 이렇게 일상 속에서 소통이 원활한 이유는 서로 예의를 지키기 때문이다. 진실한 관계는 베푼 것을 증명하기보다 묵묵히 존중할 뿐이다. 내가 남편을 위해 얼마나 헌신하는지 증명하지 않는 태도가 진정한 사랑이다.

가트맨 박사는 이렇게 조언한다.

"변화를 원하면 먼저 상대를 있는 그대로 좋아하라. 사람은 결점까지도 사랑받고 수용된다고 믿을 때 변화하고자 하는 마음이 생긴다."

만약 남편을 변화시키고 싶다면, 먼저 남편의 성향을 있는 그대로 받아들여야 한다. 아내가 진정으로 자신을 있는 그대로 수용하고 사랑한다고 느낄 때 남편은 스스로 변화하고 싶어진다. 이것은 모든 사람에게 마찬가지다. 결혼과 함께 가장이 된 남편들은 가족을 부양하는 일에 대한 부담을 가지고 있다. 현직생활이 아무리 탄탄해도 언제 떠날지도 모르는 것이 현실이다. 특히 50대 중반에 현직을 떠나야 한다면 경제적으로 든든한 준비가 된 가정은 많지 않다. 따라서 함께 인생 후반전을 준비하며 서로의 존재감을 확인할 수 있도록 하자. '세상이 아무리 힘들다 해도 내가 존중받고 사랑받는 존재구나'라는 감정은 부부에게 가장 중요하다.

남편과 자주 연락이 되지 않으면 화가 나거나 불안한가? 만약 행복과 불행의 잣대가 남편의 행동에 따라 바뀐다면 내가 남편을 사랑하는 것인지, 남편을 사랑하는 내 감정을 사랑하는지 돌아볼 필요가 있다. 진정으로 남편을 사랑한다면 감정의 기복이 크지 않다. 물론 내 마음을 알지 못하는 남편이 섭섭하게 느껴진다. 하지만 자신의 감정에 섬세하게 반응하지 못한다는 이유로 행복한 순간을 놓치기에 부부는 서로에게 너무도 소중한 사람들이다. 남편의 입장을 무조건 부정적으로 해석하기보다 타인의 시선으로 바라 볼 필요가 있다. 진정으로 아름답고 가치 있는 사랑은 세월이 흘렀을 때 겸손하게 드러나는 법이다.

04

남편의 감정을
소홀히 여기지 마라

그와 겨루려고 하지 마라. 사랑하는 사람 사이에 누가 이기고 지는 문제는 없는 거란다.
사랑하던 사람이 싸운다면 그것만으로도 둘 다 이미 패배한 거나 다름없어.
— 펄벅 —

우리 부부는 닮은 점이 많다. 하지만 눈에 띄게 다른 점이 있
다. 나는 쉴 때 스트레칭과 명상을 좋아하고, 남편은 인터넷 바둑
게임을 하거나 마당에서 일을 하는 것이다.

"그렇게 앉아 바둑 두면 목도 아프고 허리에 나빠요."

"괜찮아요. 그냥 아무 생각하지 않고 쉬는 거예요."

"아니에요. 바른 자세로 게임하세요. 습관이 좋아야 건강하게
나이들 수 있다니까요."

나는 목 디스크 치료를 받는 남편의 통증이 재발할까 걱정되
어 남편이 게임을 할 때마다 같은 말을 반복했다. 어느 날 저녁,
남편이 말했다.

"나는 바둑을 하면서 머리를 식히고 힐링하는 거예요. 사무실

에서는 자세를 똑바로 세우려고 신경 많이 쓰는데…. 그냥 집에 오면 아무 생각 없이 편히 쉬는 그 자체가 얼마나 좋은지 알아요?"

나는 남편이 슬금슬금 내 눈치를 살피며 하는 말을 듣다가 웃음을 참지 못했다. 마치 초등학생이 숙제를 해 오지 않아 선생님에게 온갖 불쌍한 표정을 다 지어 보이는 느낌이었다. 의도하지는 않았지만 게임을 할 때마다 반복적으로 했던 말이 잔소리처럼 들렸던 것 같다.

나는 일상에 변화를 주었다. 남편에게 바른 자세를 하라며 잔소리하는 대신 나의 활동을 바꾸었다. 가령 남편이 바둑을 할 때 옆에서 스트레칭 대신 책을 읽거나 감사일기를 썼다. 남편이 나로 인해 운동에 대한 간접적인 스트레스를 받지 않고 완벽한 바둑 힐링 시간을 즐기도록 한 작은 배려다. 남편은 직접적으로 말하지는 않았지만 고마워하는 눈치다.

부부 사이에서 얻는 마음의 상처는 대부분 사소한 데서 발생한다. 퇴근 후 허기진 상태로 돌아와 쉬기도 전에 음식쓰레기봉투를 쥐어 주는 아내에게 남편은 마음이 상할 것이다. 냉장고의 치킨을 먹으려 하니 아이들 먹어야 한다며 잔소리하는 아내 때문에 민망해지도 한다. 백화점에서 아이들 옷을 사고 남은 상품권으로 할인 매대에 있는 넥타이를 고르라는 아내를 보며 속으로 '내가 남편이긴 한가? 돈 벌어 오는 기계인가?'라며 화가 날 것이다.

작은 배려로 배우자의 존중심을 키울 수 있다. 아내라면 내가 받고 싶은 대접을 남편에게도 그대로 지키는 노력을 해야 한다. 남편을 대하는 태도가 곧 자신이 받을 대접이다. 세상의 어떤 아내도 남편의 감정을 소홀히 하려는 의도는 당연히 없다. 다만 남자로서의 남편과 여자로서의 아내는 서로 완전히 다른 감정지도가 있다는 점을 소홀히 한 것뿐이다.

실제로 여자는 감성뿐 아니라 색상에 있어서도 남자보다 훨씬 섬세하다고 한다. 남자에게는 여자의 분홍색 립스틱이 모두 같은 색상으로 보인다. 하지만 아내는 빨강이 살짝 가미된 섹시한 분홍 립스틱을 바른 자신이 달라 보인다며 칭찬해 주길 바란다. 분명히 다른 분홍색이기 때문이다. 아이들도 마찬가지다. 밥 먹기 전에 손을 닦아야 한다고 말하면, 남자 아이는 "왜 닦아야 해요?"라고 묻고, 여자 아이는 "네, 엄마."라고 대답한다. 이런 관점에서 머리부터 가슴까지의 반응 속도가 남자의 경우 여자보다 훨씬 느리다고 이해하면 어떨까? 여자는 기억을 더듬어 조목조목 이야기하지만 남자는 도무지 기억하지 못한다. 이 또한 남자는 여러 가지 감정을 동시에 느끼기 힘들기 때문이다.

대부분의 아내들은 남편보다 집안일을 많이 하기 때문에 자신의 감정도 제대로 챙기기 힘들만큼 종종거리며 산다. 다른 사람의 감정을 헤아린다는 것 자체가 사치일 정도다. 그럼에도 불구하고 현대 여성들이 행복한 결혼생활을 위해 꼭 지켜야 할 몇 가지 태도가 있다.

첫째, 모든 판단을 멈추어라. 우리는 자신의 의지와 상관없이 누군가의 판단에 의한 꼬리표를 붙이고 살아간다. 외부와의 연결을 끊고 '남편과 아내'가 아닌 '남자와 여자'의 감정으로 바꿔라. 개인적으로 나는 남편을 부를 때 '여보', '자기야'라는 호칭을 사용하지 않고 일터에서 부르는 호칭 그대로 사용한다. 시부모님을 모시고 산다면, 두 사람만 외출했을 때 애교로 시도해 보는 것을 권하고 싶다.

둘째, 두 사람의 의례를 만들어라. 남편과 나는 주말 아침 8시면 스타벅스에서 데이트를 한다. 드라이브하는 것을 즐기는 남편을 위해 장보러 가기는 오후로 미루고 오전시간을 전부 할애한다.

셋째, 남편을 수다쟁이로 만들어라. 힘든 사회생활에 대해 들어 주고, 공감해 주는 아내에게 남편은 위안을 받는다. 실제로 나는 남편의 이야기를 들으며 세상을 보는 시선이 훨씬 확장되었다.

넷째, 일상의 잔잔한 행복을 선물하라. 남편은 직장에서 능력을 증명하는 일, 성과를 올리는 일로 치열하게 산다. 남편에게는 특별한 이벤트보다 '대장으로의 귀환'이 절실하다. 집에서 혼자 있고 싶은 시간과 공간을 허용해 주는 아내에게 따뜻함을 느낄 것이다.

다섯째, 일상에서의 일탈로 삶의 여유를 만들어라. 여유가 있으니까 일상을 탈출하는 것이 아니다. 일탈을 하니까 삶의 여유가 생기는 것이다. 머릿속에 뱅글뱅글 도는 계획들을 말로만 하지 말고 실행에 옮겨라. 가장 완벽한 시간은 '지금'이다.

《나는 아내와의 결혼을 후회한다》의 저자 김정운은 이 시대의 남자들을 "의무와 책임만 있고 재미는 잃어버렸다."고 표현했다. 그의 "의무와 책임을 벗어 던지고 재미있게 살아라."라는 메시지를 아내들도 곰곰이 되새겨 볼 필요가 있다. 남편에게 무엇을 해 주거나 요구하기보다 남자로서 좋아하는 것을 유지하도록 허용하는 배려가 필요하다. 남편을 여자와 다른 감정지도를 가진 이성으로 바라보자. 자신의 감정을 소홀히 대하지 않는 아내의 배려가 남편들의 마음을 짠하게 울릴 것이다.

05

부부 사이에도
예의가 우선이다

우리 모두가 사소한 일에 예의를 지키면 인생이 더욱 즐거워질 것이다.

- 찰리 채플 -

2011년 병원 홍보회사를 운영하기 전까지, 나는 직원으로서 병원에서 월급을 받고 일했다. 10년 넘게 일했던 병원에서는 부서 로테이션이 정기적으로 있어서 나는 다양한 업무를 배울 수 있었다. 그때 홍보부서로 발령이 나며 내 안에 숨겨 둔 글쓰기 솜씨를 마음껏 누릴 수 있던 행운은 자연스럽게 병원 홍보회사 창업까지 연결되었다. 하지만 예상치 않게 계약이 파기되면서부터 상황은 급변했다.

병원 홍보회사를 운영할 때는 병원 안에 사무실이 있어 임대할 필요가 없었다. 그러나 사무실부터 외부로 옮겨야 하는 상황이 발생하면서 하나부터 열까지 꼬이기 시작했다. 수습하려고 억지를 부릴수록 악순환이 되었고 비용은 눈덩이처럼 커지고 있었다. 그 해 병원과의 마지막 관계는 너무도 실망스러웠다. 하지만 나는 어려운 소리는 절대 못한다고 고집과 허세를 부렸고, 결국 완전히 홍보회사를 닫게 되었다. 그때 남편은 나에게 아주 조심스럽게 말했다.

"미셸, 어려울 때 도움을 요청하는 것은 자존심 상하는 일이 아니에요. 그리고 상황을 냉철하게 인정할 줄 아는 사람은 언제라도 고통을 이겨 내고 해결책도 찾을 수 있어요. 미셸이 앞으로 사업에 재도전하려면 어떤 불편함도 감수하는 사람이 되어야 해요."

처음에는 남편의 말을 객관적으로 받아들이기 힘들었다. 심신이 지친 상태에서 자신감을 잃지 않고 현실을 인정한다는 것이 어려웠다. 하지만 남편은 내 마음을 알아차린 듯이 나를 설득하기 시작했다. 나는 마음이 가라앉고 편안해지면서 솔직히 털어놓았다. 내가 이야기할 용기를 낸 것은 남편의 태도 덕분이었다. 남편은 "왜 그렇게 되도록 방치했느냐?"는 질책 대신 내 기분이 편안해질 때까지 기다려 주었다. 허공에 떠다니는 몇 마디의 위안보다 남편의 기다림이 더 고마웠다. 만약 그때 남편이 시련에 공감해 주지 않았더라면, 나는 벼랑 끝에 매달린 위급한 현실을 견뎌 내기 힘들었을 것이다.

대부분의 부부싸움은 내 감정이 앞서 상대방이 하는 말을 듣지 못하는 데서 더 커진다. 내가 무슨 말을 해야 할지 고민하느라 바빠서 상대방의 말은 소리로만 들릴 뿐이다. 그래서인지 같은 일을 가지고 각자 다른 말을 하는 경우도 많다.

부부 사이를 가장 명확하게 알 수 있는 말 중에 '부부유별'이란 말이 있다. 남편과 아내 사이의 도리는 서로 침범하지 않는 것을 말한다. 이처럼 부부 사이에서는 서로를 존중하며 예의를 지키는 것이 가장 중요한 덕목이다.

《화성에서 온 남자 금성에서 온 여자》의 저자 존 그레이는 사랑하는 남녀 사이에서 벌어지고 있는 이러한 갈등은 바로 '당신은 나와 똑같이 생각하고, 느끼며, 같은 점이 많아야 한다'라는 그릇된 관점에서 비롯된 것이라고 말했다. 동서를 막론하고 부부 사이는 다름을 존중하며 한쪽으로 치우치지 않는 관계를 강조하고 있다.

그러기 위해선 '나다움'과 '당신다움'의 본분을 지키는 사이가 되어야 한다. 이때 무조건 남편의 감정을 따라가거나, 무조건 남자가 참아야 한다는 생각은 옳지 않다. 감정은 서로 존중할 때 올바르게 와 닿는다. 가장 좋은 방법은, 머리로 논리를 앞세우려 하지 말고 서로의 마음에 쉼표를 찍는 연습을 하는 것이다. 감정을 퍼붓기 전 3초간 숨을 골라 보자. 3초는 감정이 격해진 상태를 느낄 수 있는 최소한의 시간이지만, 그 효과는 부부 사이를 완벽하게 만들 수 있을 만큼 강력하다. "당신은 왜 그리 말귀가 어두워요?", "저 사람은 말하다 보면 꼭 삼천포로 빠져. 도대체 대화가 안 돼."와 같은 말로 언쟁하기 전에 쉼표를 찍어라. 마음에 쉼표를 찍는 액션 하나로 돌이킬 수 없는 실수를 방지할 수 있다.

나는 아무리 화가 나도 남편에게 예의를 지킨다. 긍정의 첫마디로 내 기분을 바꿀 수 있고 긍정의 마음으로 밝게 미소 지을 수 있기 때문이다. 이러한 긍정의 태도는 결국 남편에게 수십만 배의 사랑으로 돌려받게 된다.

또한 서로의 차이를 알면 오해가 없다. 남자는 목표 지향적이고, 여자는 관계 지향적이다. 그러다 보니 남편들은 감성이 예민하고 사람과의 관계를 중시하는 아내를 희생하면서까지 성공과 능력에 집착한다. 아내의 안락함과 행복을 의도와는 다르게 무심하게 넘길 때가 많다. 남편은 회사의 스트레스를 말하며 풀기보다 도리어 말수가 적어진다. 그리고 혼자 해결책을 찾으며 고민한다. 하지만 아내는 남편에게 문제에 대해 하소연하며 설명하려 한다. 딱 맞아 떨어지는 해결책을 찾기보다 남편과 이야기하며 스트레스를 푸는 편이다. 따라서 여자의 시선으로 볼 때 "별일 아니야." 라고 툭 던지며 혼자만의 세상 속으로 들어가는 남편을 이해하기는 힘들 것이다. 하지만 남편은 가장으로서 가족에게 걱정을 끼치는 것 같고, 무능력한 남편으로 보이기도 싫어 고민을 털어 놓지 못한다는 점을 놓치지 말자.

과거에는 남편의 그릇이 크든 작든 재지 않았다. 바깥사람, 안사람처럼 서로의 역할이 명확하게 다름을 인정했다. 특히 남자는 인정받고 대담함을 증명할 수 있을 때 살아 있음을 느낀다. 현명한 아내라면, 이런 남편을 존경하고 예의 있게 대함으로써 더 큰 사람으로 성장시키는 내조를 할 것이다. 우리는 누군가에게 존중받을 때 힘이 솟구친다. 남편은 자신을 믿고 신뢰하는 아내에게 용기를 얻는다.

아내의 급격한 감정 변화에 남편들은 어떻게 대할지 몰라 혼란스럽다. 내 감정이 격한 때일수록 감정의 돌다리를 두드려 보도록 하자. 부부 사이는 늘 아슬아슬한 줄타기일 수도 혹은 서로 영원히 바라보는 큰바위 얼굴일 수도 있다. 서로 일심동체를 요구하지 말고 다름을 인정하자. 남편의 성향을 바꾸기 전에 자신을 돌아볼 줄 아는 아내가 아름답다.

긍정적이고 밝은 태도로 '내가 남편을 위해 할 수 있는 것이 무엇일지' 고민해 보자. 타인에게 쏟는 관심과 칭찬을 남편을 위해 아껴 두자. 내 남편을 훌륭한 사람으로 대하고, 최고로 멋진 사람으로 대하는 아내는 두 배로 사랑받는 사람이 될 것이다. 아무리 시대가 변해도 부부 사이의 예의는 변함없는 진리다. 남편을 최고로 인정하고 자신감을 주는 아내는 절대적 동반자다. 정면으로 충돌하기보다 쉼표를 찍고 돌아가자. 남편은 한 발짝 뒤로 물러서 준 아내에게 깊은 감사를 느낄 것이다. 인정받고 싶어 하는 남자의 욕망을 헤아리는 아내만큼 든든한 존재는 없을 것이다.

남편의 취향을 존중하라

정말로 자기 자신을 바라볼 시간이 있는 사람은 결코 아무도 없다.
대부분의 사람은 다른 사람들에게서 눈을 찾는다. 그것으로 자기 자신의 모습을 보기 위해.
– 프랑수아즈 사강 –

'취향'의 사전적 의미는 '하고 싶은 마음이 생기는 방향 또는 그런 경향'이다. 그렇다면 '취향 저격'이란 무엇일까? 세 가지의 뜻이 있다. 첫째, 본인이 마음에 드는 취향(혹은 스타일)을 소유한 사람, 둘째, 본인이 마음에 드는 취향 또는 스타일과 꼭 맞는 상황, 셋째, 자신의 취향에 꼭 맞는 사물이나 사람을 지칭하는 말이다. 취향은 이렇게 사람의 마음과 성향, 그리고 삶의 스타일까지 포함하는 '개성'이다. 즉 어디에 초점을 맞추느냐는 그 사람의 자유이자 개성이므로 취향의 가치를 과소평가하면 곤란하다.

결혼을 하면 가장 먼저 접하는 현실이 두 사람의 취향이 달라도 너무 다르다는 점이다.

"우리 남편은 연애할 때는 꽤 괜찮은 남자였는데 결혼하고 보니 나랑 취향이 너무 달라요."

결혼한 부부들 중에는 여행지를 선택하는 것부터 옷이나 커피, 점심 메뉴를 고르는 것까지 완전히 다르다는 이야기를 하는 사람들이 많다. 분명한 것은 연애할 때는 같은 취향이었다는 사실이다. 단지 연애시절에는 '믿음직하다', '멋지다', '용기 있다'라고 관심을 보였던 시절이었고, 결혼 후에는 갑자기 남편의 취향을 내 취향으로 전환시키려는 욕심이 생긴 것이다. 그렇다면 부부의 취향을 함께 즐기며 평화를 유지하려면 어떻게 하는 것이 좋을까?

남편의 취향과 나의 취향을 '고급'과 '저급'으로 나누지 말고 '다름'과 '독특함'으로 인정해야 한다. 만약 남편의 취향이 너무 독특해 바꾸고 싶다면 지금 포기하라. 왜냐하면 부부는 잠깐 스쳐 가는 사람들이 아니다. 매일 일상을 공유하는 가장 가까운 관계이기 때문에 남들보다 더 개성을 존중해 주어야 한다.

그럼에도 불구하고 꼭 나의 취향을 고집하고 싶다면 한 가지 조건이 있다. 콩깍지가 씌었을 때 타이밍을 놓치지 않고 남편의 취향을 즐겨야 한다. 취향은 일상에서 일어난 일들이 익숙해지며 저절로 만들어지는 자기 개성이다. 따라서 남편에게 푹 빠져 있을 때 남편의 취향을 즐기는 아내가 되는 것이 가장 평화로운 길일 것이다.

나는 결혼 후 음식 취향이 완전히 바뀌었다. 연애할 때 남편은 샐러드, 파스타, 스테이크를 좋아하는 나를 따라 데이트 코스를 정했다. 지금은 생태탕, 북어찜, 칼국수, 냉면, 삼겹살이 우리의 외식 코스다. 여행을 가도 이전에는 레스토랑을 즐겨 찾던 내가 지금은 햇반과 밑반찬이 여행가방의 반을 차지할 정도다. 취향은 하루아침에 형성되는 것도 아니지만 이렇게 완전하게 새로운 취향으로 변신하기도 한다. 결국 부부 사이의 취향은 단순한 일상의 즐거움이며 거창하고 화려한 장식이 아니다.

'약육강식' 성향의 아내들이 있다. 사람들 앞에서 남편을 무시하는 말을 공공연하게 한다. 모임에 가면 예술을 보는 안목, 문화적 취향에 있어서만큼은 자기가 남편보다 우월하다고 자랑을 많이 하는 아내들을 볼 수 있다. 내가 보기에는 오만함과 편견으로 느껴졌다. 교양이 있는 사람은 스스로를 존중하는 만큼 남편을 갑자기 바꾸려 들지 않는다. 센스 있는 아내는 남편의 자존감과 개성을 존중하며 슬쩍 자신이 좋아하는 스타일을 첨가시킨다. 사랑하는 남편을 존중하는 것은 정말 중요하다. 존중받는 남편은 자존감이 높고 아내에 대한 신뢰가 있기 때문에, 그만큼 아내의 말을 잘 따른다.

취향의 오해와 편견에 대한 주제를 다룬 영화 〈타인의 취향〉에서도 영화 속 주인공이 아내에게 이런 말을 하는 장면이 있다.

"이 집에 내가 고른 물건 있어? 내가 좋아하는 거 하나쯤 놔두면 안 돼? 여기는 완전히 인형 가게 같아. 핑크색에 온통 새 그림, 꽃 그림. 더 이상은 못 참아."

아무런 저항 없이 무엇을 해도 가만히 있던 남편들이 자기 취향을 드러내기 시작할 때 서로 감정이 격해진다. 일상에서 자신이 귀하게 여기는 것을 소중히 다루지 않는 아내를 존중하고 싶을까?

남편의 취향을 자신의 것으로 서서히 변화시키는 간단한 지혜가 있다.

첫째, 사랑할 때 욕심 버리기
둘째, 남편의 개성을 최고로 인정하기
셋째, 남편을 소유했다고 착각하지 않기

나는 이러한 자기 암시로 남편과 나의 취향을 서로 즐기게 되었다. 이렇게 남편의 취향을 즐기다 보면 도리어 남편이 아내의 취향에 맞출 때가 더 많다. 자신을 인정하는 아내에게 위대함을 증명하고 싶은 남자들의 특성 덕분이다.

얼마 전 일이다. 남편 생일 선물 쇼핑 겸 점심 데이트를 하기로 한 우리 부부는 오랜만에 아웃렛을 방문했다. 설마 오늘은 가방을 구입하지 않겠지 생각했는데 남편은 제일 먼저 가방 매장부터 직행했다. 사용하지 않는 가방이 더 많은 남편은 가방 마니아다.

"이 가방 어때요? 우리 팀 중에 한 명이 이 가방을 가지고 왔는데 너무 편하대요."

"집에 가방 많은데 또 사게요? 내가 보기엔 촌스러운데."

"그래요? 당신 안목이 중요하지! 우리 나가요."

내가 좋아하는 청바지와 벨트를 남편의 생일 선물로 구입하고 우리는 점심을 먹으러 갔다. 그런데 남편은 갑자기 "이 가방만 사면 이제 절대 사고 싶은 가방은 없을 것 같아. 이제 가방 끝."이라 말하며 가방 매장으로 급히 들어갔다.

'이건 뭐지? 생일 선물은 정말 원하는 걸 하는 것이 좋은데, 그럼 나는 남편이 싫은 걸 억지로 산 거잖아?'

순간 마음이 상했다. 내가 먼저 가방을 사서 남편을 행복하게 해 주지 못한 점이 아쉬웠다. 그제야 나는 그동안 남편이 대부분 내 취향에 맞추고 있었다는 것을 알았다. 집을 정리할 때도, 차를 구입할 때도, 공간을 꾸밀 때도 나는 내 취향대로 해 오고 있었다.

그날 이후 나는 전략적 여우가 되기로 했다. 남편의 취향을 100% 존중하는 대신 슬쩍 영역을 구분했다. 남편의 공구 쇼핑, 가방 쇼핑, 오토바이 소품 쇼핑을 함께 즐기기로 정했다. 이젠 홈쇼핑에서 공구나 가방을 보면 내가 먼저 정보를 메모한 다음 전해주기까지 한다.

나는 지금도 남편의 감수성을 섬세하게 받아들이는 여성의 안목을 키워나가는 중이다. 남편의 취향을 전략적으로 존중하다 보면 부부의 취향이 놀라울 만큼 일취월장할 수 있다.

남편의 인생까지 바꾸는
여자의 일곱 가지 법칙

우리는 자신의 힘으로 알 수 있고, 앎으로써 이해할 수 있으며,
이해함으로써 현명한 선택을 할 수 있다.
- 에드워드 윌슨 -

불행한 부부의 특징 중 대표적인 것이 한쪽이 다른 한쪽을 지
배하며 소유권을 행사하는 것이다. 다른 사람을 바꾸려는 생각
자체가 옳지 않다. 그렇다면 남편의 인생을 바꾼다는 것은 무슨
소리일까?

내가 미국 생활을 정리하고 한국에 둥지를 튼 지도 벌써 16년
이 넘었다. 숨 막히던 미국을 빠져나와 다시 서울에 도착한 것이
엊그제처럼 생생하다. 그동안 나의 인생에는 많은 변화가 일어났
다. 지금 나는 내 모습이 마음에 쏙 든다. 별바다를 마주하며 온
사방이 트인 하늘 아래서 양팔을 벌리고 숨을 쉬는 것 같다. 서울
에 오기 전까지만 해도 나는 방랑자처럼 내 삶의 주도권을 남에

게 주는 여자였다. 하지만 스스로 중심을 잡고 바로 서자, 완벽한 나 자신을 만나게 되었다. 세상이 나를 중심으로 돌고 있는 기분이 들기도 한다.

사람들은 결혼하면 남편이나 아내가 자신에게 맞춰 주기를 기대한다. 하지만 기대가 크면 그만큼 실망도 크다. 행복한 결혼은 상대가 나와 다름을 얼마나 잘 받아들이는지와 비례한다. 기대를 정하는 기준은 때마다 융통성 있게 상황에 맞추면 된다. 진정 믿음이 있는 사랑이란, 오랜 시간 변하지 않고 일관되게 신뢰를 주는 것이다. 그래서 부부의 사랑은 불같은 뜨거움보다 서로를 섬기는 차분한 마음가짐이 중심이 되어야 한다. 그래서 내 남편이 되면 성격을 바꾸겠다는 생각은 위험하다. 왜냐하면 자신이 그린 남편의 모습은 온전히 상상 속 인물이기 때문이다. 내가 어떤 마음가짐을 가지고 대하느냐에 따라 상상 속의 남편이 나왔다 없어졌다 할 뿐이다.

드라마 속의 흠잡을 데 없는 얼굴과 완벽한 몸매의 남자가 따뜻하고 조용하고 사려 깊은 모습으로 가정에 충실한 모습을 보일 때, 사람들은 그 가상의 인물에게 환호한다. 하지만 현실의 남편들은 외로움과 가장으로서의 압박감으로 힘들어한다. 무슨 일이 있냐고 물어도 남편들은 별일 없다고만 대답할 것이다. 아내에게 밖에서 있었던 일을 들키고 싶지 않기 때문이다. 이럴 때 남편을 큰사람으로 대하며 일에 집중할 수 있도록 해 주는 것이 최고의 내조다.

남자는 자신의 능력이 인정받을 때 존재감을 확인하고, 인정을 받지 못하면 자존감을 잃어버린다고 한다. 반면에 여자는 성공이나 능력 등의 목표보다는 사람과의 관계를 중요시한다. 사랑하는 사람, 가족, 이웃, 친구와의 원만하고 진실된 관계에서 여자는 행복을 느낀다.

인생의 동반자로서 남편까지 성장시키는 아내의 태도를 살펴보자.

첫째, 일상을 생동감 있게 지내는 표정 연습을 하라. 아내의 표정은 남편의 하루를 결정한다. 여자는 수다라는 무기가 있어 자신의 감정을 말할 곳이 있지만 남자는 마초 기질이 있어 기본적으로 약해 보이기 싫어한다. 이렇게 감정을 숨길 때가 많은 남편에게 아내의 미소는 움츠린 가슴을 활짝 펴게 만드는 최고의 에너지다.

둘째, 남자와 여자라는 경계를 두지 말고 서로가 잘하는 부분을 맡아라. 예를 들어 나는 마당 일은 전혀 소질이 없다. 하지만 전원주택에서 살면 마당 일이 엄청나게 많다. 그래서 남편은 100% 마당을 관리하고 나는 100% 부엌을 책임진다.

셋째, 일상 표현을 긍정의 단어로 완전히 바꿔라. 긍정의 생각은 양치하는 것처럼 반드시 실천해야 한다. 평소에 전혀 하지 않던 말을 갑자기 하려면 어색한 것처럼 긍정의 생각도 자주 실천해야 한다. 애써 변화시키려 하지 않아도 남편이 자청해서 '아내바보'가 되는 효과를 볼 수 있다.

넷째, 싸우더라도 빨리 상황을 바꿔라. 부부 사이에서는 상대가 공감하지 않아 다투는 경우가 많다. 다투더라도 절대 비방하거나 경멸하는 극적인 단어는 사용하면 안 된다. 언어폭력은 심한 흔적을 남겨 외상처럼 아물지 않는다.

다섯째, 남편을 왕으로 대접하라. 사랑하는 사람을 최고로 대우하지 않는다면 과연 누구를 위해 결혼한 것인가? 남편이 왕이면 나는 여왕이다. 자신의 자존심을 버리며 하녀처럼 모시는 것이 아니다. 시소를 타는 것처럼 각자의 자존감을 중심에 두고 양 끝에서 균형과 조화를 이루는 관계. 남편은 아내의 사랑과 인정을 받을 때 희망을 가진다.

여섯째, 일상에서 서로 말을 조심하고 남편의 생각을 허용하는 태도를 가져라. 평소에 아내에게 호감과 존중을 받는 남편은 시키지 않아도 아내의 영향력을 인정한다. "가족을 남을 대하듯이 하라."라는 말이 슬픈 현실이긴 하지만 그만큼 가까울수록 예의를 지키라는 의미다.

일곱째, 남편을 바꾸려 하지 말고 있는 그대로 바라보아라. 당신이 나다움을 잃고 싶지 않은 것처럼 남편의 자기다움도 존중하자.

법정스님의 저서 《시작할 때 그 마음으로》에서 "삶은 소유가 아니라 순간순간의 '있음'이다. 영원한 것은 없다. 모두가 한때일 뿐. 그 한때를 다해 최대한으로 살 수 있어야 한다. 삶은 놀라운 신비요, 아름다움이다. 그 순간순간이 아름다운 마무리이자 새로운 시작이어야 한다."라는 구절을 볼 수 있다.

처음 사랑했을 때처럼 서로의 마음에 참을성 있게 귀를 기울이고 보다 많은 관심과 애정 표현을 해야 한다. 남편을 변화시키려고 애쓰는 것보다 있는 그대로 사랑하면 저절로 변화될 것이다. 법정스님의 말씀처럼 부부도 서로의 삶을 소유하는 관계가 아니라 상대와 다름을 인식하고 존중함으로써 아름다운 시작과 마무리를 할 수 있다.

08

혼자 행복할 수 있어야
남편과도 행복하다

모든 여자는 자신의 산을, 모든 남자는 자신의 바다를 품고 있지.
하늘과 바다는 수평선에서 서로 맞닿을 수 있지만 절대 하나가 될 수 없고,
같은 공간에서 같은 시간을 나눌 수 없지.

- 아지즈 네신 -

나와 남편은 여행을 가서도 집에서와 마찬가지로 생활한다. 우리는 특별한 이벤트를 하기보다 일상의 리듬을 사랑하기 때문이다. 나는 남편이 특히 힘들게 보낸 날이면 편히 쉴 수 있도록 집밥에 신경 쓴다. 피곤한 날은 나물 종류와 누룽지 등 소화가 잘되는 음식을 준비한다. 편안한 식사와 안락함으로 몸과 마음을 쉬게 하고픈 생각에서다. 바쁜 남편이 집에 오면 바깥의 일을 내려놓고 휴식을 취할 수 있도록 챙기려고 노력한다.

대부분의 사람들은 결혼을 하면 사랑하기 때문에 계속 함께 있어야 한다고 생각한다. 결혼을 하면 자기다움과 자유를 버려야 한다면서 배우자를 꽉 묶어 두려 하는 사람도 있다. 여기서부터

싸움이 시작된다. 배우자의 자유를 허용하고 존중하는 것이 좋다. 매순간 남편과 함께하기보다 바깥일에 집중할 수 있도록 힘을 실어 주는 아내가 더 현명하다. 그리고 함께 있어도 각자의 일상을 존중하는 것이 진정한 부부 사이다.

결혼이 주는 행복감은 평균적으로 결혼 전 1년부터 결혼 후 2년까지 약 3년 동안 유지된다는 연구도 있다. 이것은 행복은 단기간에 반짝 뜨거워질 수도 있지만, 그리 오래가지 않는다는 것이다. 그러므로 부부는 겉보기에 화려한 이벤트보다 일상을 휴식처럼 즐기는 데 가치를 두는 것이 좋다. 지나친 헌신이나 무조건적인 사랑을 베풀겠다는 식의 관계는 시간이 흐를수록 지칠 수밖에 없다.

우리 집은 작다. 딱 필요한 가구만 최소한 배치되어 있고 나머지는 모두 공간으로 비워 두었다. 열심히 일하고 온 남편이 쉴 수 있도록 깔끔히 정리해 두면 시시콜콜한 집안일을 부탁하지 않아도 된다. 나는 저녁 식사를 준비할 때도 남편이 쉴 수 있도록 이런저런 말을 하지 않는 편이다.

집은 가족의 공동 휴식처다. 가족이라 모두 함께하려는 욕심이 서운함을 만든다. 행복한 부부가 되길 원한다면 서로에게 공간의 자유, 시간의 자유 그리고 생각의 자유를 인정해 주어야 한다. 나는 부부는 '일심동체'가 되면 안 된다고 믿는다. 일심동체는 다른 한 사람을 탈진시키는 부질없는 강요다. 같은 곳을 바라보며 동행하는 관계가 되어야 건강한 사랑이 될 수 있다.

《혼자 있는 시간의 힘》의 저자 사이토 다카시는 목표를 이루기 위해서는 누구에게나 혼자 있는 시간이 필요하다고 말했다. 그는 "성공을 결정하는 가장 중요한 요소는, 타고난 두뇌나 공부의 양이 아닌 '혼자 있는 시간에 집중할 수 있는 힘'이다."라고 설명했다.

사랑은 복잡할 것도 어려울 것도 없다. 어린애처럼 단순한 마음으로 남편을 사랑하면 된다. 복잡하게 사랑의 기술까지 배워 가며 머리를 뜨겁게 하는 시간에 그저 내 마음 가는 대로 남편에게 잘하면 된다. 지나친 기대가 실망을 만들고 부부로서의 의무를 강요하게 된다. 행복한 부부 관계는 서로 잘난 사람이라 믿고 변화를 강요하지 않을 때 이루어진다. 일상에서 서로를 귀하게 여기는 생각을 품고 산다면 떨어져 있는 시간에도 애틋한 부부가 될 것이다.

우리의 몸은 수백만 개의 작은 근육 섬유들이 끊임없이 변화하며 활동한다. 우리의 생각도 호흡처럼 매순간 파동하며 마음을 흔든다. 사람의 마음과 성격도 수백만 개의 가닥으로 연결되어 있다. 이렇게 서로 다른 생각과 마음과 성격을 가진 두 사람이 매순간 함께 있어야 한다면, 백발백중 숨이 막힐 것이다. 평범한 하루하루는 평화로운 선물이다. 살다 보면 조금씩 서로에게 길들여지면서 조금씩 맞춰지고 닮아간다. 부부 사이는 떨어져 있기도 하고, 때로는 '나'를 버리기도 하는 사이일 때 편안하다. 과도한 약속과 강요는 서로가 그 약속을 지키느라 지치게 될 뿐이다. 결국 서로에게 실망감만 커질 수 있기 때문이다.

나도 한때 남편의 출장이 길어지면 홀로 있는 것이 두려워 일부러 일정을 만들거나 사람들과 어울리려고 했다. 그러나 그건 사실 시간을 흘려보내는 낭비였다. 교류를 한다고 생각했지만 실은 외롭지 않기 위해 애쓴 것이다. 결국 어찌할 수 없는 상황이라면, 나를 맞추기로 결심했다. 남편의 장기 출장은 완전히 은퇴를 하지 않는 한 내가 바꿀 수 없는 사실이란 점을 받아들이고 나대로의 생활방식을 계발하게 되었다. 혼자 있을 때 더 멋진 여자가 되는 방법을 찾아내며 이젠 남편도 인정하는 고급취미까지 가졌다. 그런 변화를 위해서 내가 만든 '혼자 있는 시간에 멋진 여자 되는 법'을 소개한다.

◇ 멋진 여자 외모관리 5가지 원칙 ◇

① 몸을 관찰하여 칭찬만 적기

② 무심코 취하는 자세를 관찰하며 바꿔 보기

③ 나에 대해 가장 마음에 드는 점만 골라 인덱스카드 1장에 적기

④ 하루 세 번 인덱스카드 읽기(아침, 점심, 잠자기 전)

⑤ 매주마다 새로운 카드로 똑같이 실행하기

◇ 당당하고 강인한 여자의 5가지 원칙 ◇

① 욕실에서 목소리 트레이닝하기

② 거울 보며 표정 연습하기

③ 틈틈이 발음 연습하기

④ 내가 원하는 것과 반드시 해야만 하는 것을 구분하기

⑤ 매일 긍정 문장 생각하기

◇ 건강하고 아름다운 여자의 5가지 원칙 ◇

① 매일 아침 10분 명상하기

② 강점을 더욱 빛나게 할 스트레칭하기

③ 틈틈이 자세 바꾸며 일하기

④ 책 읽은 후 글쓰기

⑤ 밤 11시 이전에 잠자기

이렇게 혼자 있는 시간에 자신을 관리하며 남편의 뒷모습도 사랑하는 마음부터 키워라. 서로 마주보며 사랑을 확인하고 사는 것도 아름답지만, 서로의 삶의 가치를 향해서 나란히 동행하는 삶은 더욱 가치 있다. 남편이 밖에서 가족을 위해 열심히 나아갈 때 그 뒷모습을 사랑하는 마음을 키우는 아내가 아름답다. 그리고 혼자 있는 시간을 자신의 삶을 빛낼 수 있는 기회로 활용하는 섹시한 아내로 거듭나자.

CHAPTER

5

자녀를 상위 1%로 키워낸
여자의 비밀

01

당신도 1%의
엄마가 될 수 있다

삶에서 하나의 문이 닫히면 언제나 다른 문이 열린다.
그러나 그 사이의 복도는 매우 좁고 길다.
- 로니 카예 -

내가 아이를 키울 때에 비해 지금은 육아 환경이 많이 달라졌다. 하지만 변하지 않은 한 가지가 있다. 바로 엄마의 조바심이다. 많은 육아 전문가들은 하나같이 아이를 믿고 기다릴 줄 아는 엄마가 되어야 한다고 말한다. 하지만 엄마들의 입장에서는 말처럼 쉬운 것이 아니다.

나는 아마도 여성으로서 실패와 성공을 다양하게 경험한 순위를 매긴다면, 단연코 상위권을 차지할 수 있는 사람이다. 결혼과 함께 예술가의 길을 포기하고 장사를 시작했다. 한국과 외국에 거주하며 현실 적응을 했고, 벼룩시장부터 프리마켓의 커튼을 올리는 다락방 사이즈의 가게에서 시계 줄과 배터리를 교체하는 일도 했다. 웬만큼 돈이 모였을 때 인테리어 소품 비즈니스와 뉴 에이지 피아니스트 음악회까지 개최하며 불행과 행복의 양극단을 넘나들었다.

그렇게 안절부절못하면서 아이와 나는 함께 성장하는 과정을 그치게 되었다. 그런데 아이가 커가면서부터는 주변 엄마들의 교육 이야기에 예민해졌다. 당시 한국 교포 엄마들 사이에선 몬테소리유치원에 아이를 보내는 것이 대세였다. 나 역시 '몬테소리유치원에 보내지 않으면 우리 아이만 뒤처지는 것 아닌가?' 하는 조바심 때문에 하루에도 수차례 또래 아이들 엄마에게 전화로 물었다. 물론 남들 따라한다고 다 잘되는 것은 아니지만 적어도 적절한 타이밍을 놓치는 실수를 방지할 수 있다는 생각이 들었다.

결국 나는 친구 따라 강남 간다는 말처럼 유치원을 두 번이나 바꾸는 팔랑귀 엄마가 되고 말았다. 마음은 '이게 아닌데'였지만 어떻게 하는 것이 최선인지 도저히 알 수 없었다. 나는 내가 꿈꿨던 엄마의 모습과는 반대로 행동하고 있었다. 육아 책에서는 "아이가 독립적이길 바란다면 아이의 신발 끈을 묶어주지 말고 끈 묶는 방법을 가르쳐야 한다."라고 나와 있었다. 하지만 정작 가게를 오픈할 시간이 임박하면, 나는 아이의 손을 밀치고 대신 신발 끈을 묶었다. 그리고 칭얼거리는 아이의 고사리 손을 끌고 유치원으로 갈 수밖에 없었다.

머리로는 내가 옳지 않다는 것을 알았지만 현실에서는 육아서처럼 나의 말과 행동을 실행하기는 불가능했다. 이렇게 두 살, 네 살 아이들을 다그치며 기다려 주지 못하면서부터 '혹시 나에게 성격 장애가 있나?' 하는 의심까지 들기 시작했다.

그러던 어느 날, 나는 한국에 계시는 친정어머니에게 전화를 걸어 대성통곡을 하는 실수를 저질렀다. 오랜 기간 병마와 싸우는 어머니에게 그동안 숨겨왔던 서러움과 외로움과 두려움을 모두 쏟아낸 것이다. 이런 나의 말을 다 들어 주신 어머니는 "과유불급, 욕심이 지나치면 화를 부른다."라는 처방을 내려 주셨다.

"네가 몇 살까지 아이를 뒷바라지할 수 있을 것 같니? 가장 훌륭한 엄마는 아이를 떠나보내는 연습을 미리미리 하는 엄마란다. 아이는 태어나는 순간 부모에게 엄청난 기적을 모두 선물했는데 네가 지나치게 욕심을 부리는 거야. 아이는 내 품 안의 자식이 아니라 인생을 함께 경험하는 또 다른 한 사람이야."

어머니께서는 앉아서 식사를 드신 적이 없을 정도로 두 살씩 터울 지던 아들 다섯의 장난은 심했다. 어머니는 부엌의 밥그릇을 모두 우물 안으로 떨어뜨리며 놀았던 아들들을 혼내기는커녕 용감하다며 웃어넘길 정도로 호탕하셨다. 더구나 개인 의원을 하시던 아버지를 위해 환자들의 상담사 역할도 도맡아 하셨다. 병원 식구들의 식사 준비부터 사소한 물품 구입까지 모두 전담하셨기 때문에 쉴 틈이 없었다. 다시 말해 현대판 전업맘과 워킹맘을 동시에 해낸 열정가였다. 내가 50대 중반을 넘기고도 여전히 일을 할 수 있고, 아이들이 닮고 싶은 사람 1순위가 될 수 있었던 것은 모두 어머니의 가르침 덕분이다.

"엄마만큼 아이를 잘 아는 사람은 없단다. 더 좋은 교육 장소를 찾는 시간에 아이를 한 번 더 보듬어 주는 엄마가 되는 게 좋아. 아이들도 그런 엄마의 마음을 잘 안단다. 세상이 아무리 변해도 자연의 섭리는 변하지 않아. 엄마의 자궁 안에서 보호받았던 아이가 태어나서도 잘 자고, 잘 먹고, 잘 뛰어 놀 수 있도록 배려하는 엄마가 최고 좋은 교육자란다."

그렇다. 우리는 아이가 태어나기 전부터 부모가 될 준비에 최선을 다했다. 마음을 평화롭게 유지하려 애썼고, 될 수 있으면 화내지 않았다. 아이가 건강하게 잘 자라 세상을 즐겁게 살아갈 수 있도록 준비하고 노력했다. 곧 만나게 될 아이를 위해서 열 달 동안 모든 불편함을 흔쾌히 감수했다.

나는 어머니의 조언 덕분에 아이 교육에서 엄마를 대신할 사람은 어디에도 없다는 사실을 깨달았다. 아무리 좋은 교육도 엄마의 따뜻한 사랑만큼 위대할 수는 없다. 남들은 그들의 아이에게 맞는 교육을 찾은 것이고, 나는 내 아이에게 꼭 맞는 교육을 정하면 된다.

이제 우리는 온라인 커뮤니티에서 정보를 공유할 수도 있고,

책을 통해 자녀교육에 대한 공부도 스스로 할 수 있는 시대에 살고 있다. 이럴 때일수록 엄마의 명확한 교육 목표가 설계되어 있지 않다면 혼란스러울 것이다. 내가 잘하고 있는지 확인하고 싶지만, 대부분 속 시원한 해답을 구하기는 힘들다. 눈 깜빡할 사이에 새로운 교육법이 등장하는 세상에서 과연 잘하고 있는 것인지, 불안감이 커진다.

이럴 때일수록 아이와 열 달을 함께 지내며 교감한 자신을 생각해 보라. 열 달 동안 경험한 경이로운 순간들을 절대로 저평가해서는 안 된다. 이보다 훌륭하게 엄마를 대신할 교육은 이 세상 어디에도 없다는 진실을 확신하자. 넘쳐나는 정보에 휘둘리지 않을 엄마의 판단력은 자신을 존중하는 확신의 힘에서 나오기 때문이다. 남이 만든 좋은 엄마의 기준에 내 아이를 맞추려 하지 말고 내 아이의 눈을 바라보는 시간을 더 가져라.

돌이켜 보면 나의 조바심은 내 아이를 믿지 않고 걱정한 데서 시작되었다. 지금도 많은 엄마들이 슈퍼맘을 꿈꾸며 과잉육아로 시달리고 있다. 치열한 경쟁 속에서 아이를 더 좋은 곳, 더 높은 곳으로 보내겠다며 아이에게 채찍질한다. 1%의 엄마가 되려면 자신이 살아온 과거 시점으로 아이를 보지 말고 미래를 살아갈 존재임을 잊지 말자.

앞서 말한 것처럼, 엄마의 강력한 힘은 유난 떨지 않고 아이를 믿는 것에서 나온다. 자신의 의지와 지혜와 경험을 바탕으로 아이와 교감하자. 아이는 성장과정 속에서 당연히 엄마로부터 독립하려는 의지를 보인다. 아이는 절대로 나의 소유물이 아니다. 독립된 또 다른 한 사람이다. 아이가 성장하며 나타나는 독특한 성장 행동들을 마치 아이가 잘못된 것처럼 과도한 해석을 하는 실수를 저지르지 않아야 한다.

자녀를 키우는 엄마라면 내가 원하는 아이, 내가 만들고 싶은 미래, 내가 듣고 싶은 대답을 아이에게 강요하지는 않는지 늘 자신을 되돌아보자. 너무 부담스러운 자녀교육법을 따라 하기보다 오히려 조금 덜어 내는 것이 필요하다. 지금 있는 그대로 자신을 믿고 한 걸음씩 나아간다면 충분히 훌륭한 1%의 부모가 될 수 있다.

02

아이가 진짜 원하는 것은
따로 있다

어느 누구도 과거로 돌아가서 새롭게 시작할 순 없지만,
지금부터 시작해 새로운 결말을 맺을 수는 있다.

- 카를 바르트 -

몇 년 전, 아이들은 성인이 되어서도 엄마의 가슴을 들었다 놓았다 할 수 있는 애물단지들임을 경험하게 된 사건이 있었다. 큰아이는 미국의 해군사관학교를 졸업했다. 하지만 모든 특혜와 영광을 뒤로 하고 자신이 원하는 다른 길을 선택했다. 전혀 예상하지 못한 폭탄선언이었다. 나는 그때 나를 바라보던 아들의 눈빛을 잊을 수 없다. 엄마의 마음을 헤아리는 배려와 스스로 채워지지 않는 데서 오는 허전함이 섞인 표정이었다. 나는 그동안 아이가 혼자 느꼈을 갈등과 노력이 눈에 밟혀 가슴이 아팠다. 몇 주 뒤에는 딸도 자신이 원하는 것을 선언했다. 둘이 엄마에게 연타를 날린 것이다.

평소 자랑을 잘하지 않는 나도 아들의 졸업 사진만큼은 기회만 생기면 사람들에게 자랑하고 싶어진다. 영화 〈사관과 신사〉에 나오는 리처드 기어보다 잘생기고 당당한 아들이 오바마 전 미국 대통령과 악수하는 모습을 어찌 자랑하지 않을 수 있을까? 그래서 나는 상당히 서운했다. '엄마도 원하는 게 있는데 자기네들만 원하는 게 있는 줄 아나?' 하는 억울한 마음도 들었다. 나는 그동안 진정으로 아이가 원하는 게 뭔지 모르고 있었던 것은 아닐까, 하는 안타까움도 들었다.

나는 간혹 아이들과 이야기할 때 내가 말하는 성공의 의미를 아이들이 잘못 이해한다는 느낌이 들었다. 가령, 성공하는 사람들의 생각과 습관을 이야기하면 공감하는 듯 했다. 하지만 처음부터 재미있는 일을 찾아 성공한 사람은 없다는 이야기를 덧붙이면, 슬슬 바쁜 척하기 시작했다.

"엄마. 나는 좋아하는 일을 할 거야. 싫어하는 일을 하며 엉뚱하게 시간 낭비하기 싫어요. 좋아하는 일을 하며 즐겁게 사는 것이 훨씬 행복하지 않아요?"

아이들은 싫어하는 일을 익히느라 아까운 청춘을 낭비하지 않겠다는 생각이었다. 나도 늦은 나이에 대학에 복학하며 무용교육을 전공했고, 특히 어린이를 위한 움직임 교육에 심취했었다. 그런데도 교사의 길을 선택하는 아이를 말리고 싶었던 것이 사실이다. 어려운 길을 걷게 하고 싶지 않다는 마음이 더 컸다.

아이가 태어났을 때 우리는 삶의 기적을 경험한다. 아이가 원하는 것은 무엇이든 할 수 있도록 특별한 아이로 키우기를 마음먹고 최선을 다한다. 그런데 아이들은 커갈수록 "내가 원하는 건 따로 있어요."라고 선언하며 부모가 미처 예상하지 못한 결정을 한다.

"왜 아이들을 말리지 않나요?"

"엄마가 엄격해야지, 아이들이 뭘 안다고 그렇게 아까운 기회를 날리게 내버려 두는지 모르겠네."

"나라면 그렇게 안 할 것 같은데."

몇몇 지인들은 내가 너무 쉽게 아이들에게 동의하는 것 같다며 걱정했다. 하지만 좋은 기회를 버리고 학교로 돌아간 아이는 행복하다고 했다. 처음에는 초보 교사로서 받는 월급도 적고 업무 시간 외에도 진행되는 일이 넘치는 곳이 학교이기 때문에 나는 걱정이 되었다. 처음에 설레는 감정도 힘들 때는 사라지는 법이라 노파심이 커졌다.

하지만 시간이 갈수록 아이는 자신이 하는 일에 대한 자부심이 분명해졌다. 아들은 가르치는 아이들의 사진을 자주 보내주는데, 얼마 전에는 사진 속에 선명하게 쓰인 버킷리스트를 보았다. 맨 앞줄에 '소수민족의 아이들에게 평등한 교육기회를 만드는 교사 되기'라고 적혀 있었다. 나는 가슴이 짠해지면서 아이가 진정으로 아이들을 사랑하는 교사라는 생각에 마음으로 눈물을 흘렸다.

그렇게 아이의 성장을 두루 겪으면서 모든 엄마의 마음은 똑같다는 생각을 하게 되었다. 우리는 성장하며 끊임없이 변하는 아이들의 꿈의 목록을 응원하기 위해 함께 달리고 있다. 그 길 위에서 자녀가 원하는 길을 인정하는 엄마로 산다면, 마지막까지 서로의 멘토와 멘티가 될 수 있을 것이다.

빌 게이츠는 자신의 롤 모델로 부모님을 꼽으며 "부모님은 밖에서 일어나는 다양한 일들을 아이들에게 전달해 주었다. 비즈니스, 법률, 정치, 일상 경험들과 같은 이야기를 해 주신 부모님 덕분에 일상에서 서로 의견을 구하는 것이 자연스러웠다."라고 말했다. 그는 평소에 공감할 수 있는 가벼운 대화를 끊임없이 나누면서 부모가 자신에게 의견을 물을 만큼 중요한 사람으로 생각한다는 것을 알았다고 했다.

이렇게 아이들에게 먼저 다가가며 존중한다면 특별한 교육법이 필요 없다. 일상 속에서 늘 아이들의 역할 모델이 되기 때문이다. 아이들은 스스로 특별한 사람이 되기 위해 누구보다 고민이 많다. 그 시간을 기다려 주는 부모의 이해와 수용이 가장 좋은 자녀교육이 된다.

다음 일곱 가지 목록은 내가 평소 아이들을 키우며 실행하려 애썼던 것이다. 나는 이러한 기준을 두고 생활하며 여전히 아이들과 함께 걸어가고 있다. 하루를 마감할 때 혹은 시작할 때마다 읽으면 엄마의 마음을 차분하게 유지하는 데 도움이 될 것이다.

첫째, 아이를 공정하고 온유한 마음으로 대하자. 아이의 변화를 새의 눈으로 멀리서 바라보며 넓게 수용하는 엄마의 마음그릇을 크게 키워 나가자.

둘째, 명확한 목표를 세우자. 아이의 인생을 지원하는 엄마로서 행복에너지와 희망을 주는 역할의 선을 넘지 않아야 한다. 엄마의 교육방향으로 뿌리박고 아이의 미래를 강요하는 실수를 범하지 않도록 하자.

셋째, 자신의 감정에 쉼표를 찍어라. 감정을 휘두르는 엄마는 아이들에게 회복할 수 없는 깊은 흔적을 남긴다. 함께 역경을 극복하는 엄마는 아이의 믿음고리와 같다. 엄마의 사랑을 한순간에 날려 보내지 마라.

넷째, 늘 진심으로 격려하자. 아이의 꿈을 격려하고 그 꿈을 키워 가도록 지원하라.

다섯째, 아이에게 결정권을 주어라. 훌륭한 부모가 되기 위해서는 자식을 떠나보내는 연습이 필요하다. 아이들이 어릴 때는 내 품 안의 자식이었지만, 커 갈수록 세상에 뛰어들 자유를 허용할 수 있는 용감한 부모가 요구된다. 모든 일을 대신 해 주는 것보다 아이가 리드할 수 있도록 허락하라. 아이의 독립성을 단련하고 세상에 적극적으로 뛰어들 수 있는 능력을 키울 수 있다.

여섯째, 과거에 머무르는 교육을 삼가라. 실수와 시련은 아이에게 최고의 교육적인 선물이다. 그때마다 아이가 툴툴 털고 전진할 수 있도록 과거와 비교하지 않는 것이 좋다.

일곱째, 눈으로 듣고 가슴으로 느껴라. 훌륭한 엄마는 70%를 경청하는 데 사용하고 나머지 30%는 공감하는 데 사용한다. 엄마의 진실한 눈빛으로 공감하고 아이의 대답을 가슴으로 믿어야 한다. 엄마의 눈빛과 따뜻한 가슴은 모든 시련을 극복할 수 있는 축복과 같다.

나는 이러한 것들을 아이들을 키우며 하나씩 익히느라 시행착오를 많이 겪었다. 그러나 부모로서 아이들과의 시간은 이루 말할 수 없이 하루하루가 소중한 법이다. 그 시행착오를 조금이라도 줄이고 싶다면 나의 휴대전화 010.9700.8060으로 연락을 주길 바란다. 가슴 따뜻한 조언으로 당신에게 힘이 되어 주겠다.

엄마들에게 "지금 가장 후회하는 일이 무엇인가?"라고 물으면 이런 답들이 많다고 한다. '좀 더 도전적으로 살지 못한 것', '사랑한다 말하지 못한 것', '아이의 소망을 지나친 것'이다. 자녀교육에서 가장 중요한 것은 '사랑'이다. 가르침의 대상은 자녀가 아니다. 우리 자신을 더욱 성장시키고, 더 깊은 사랑을 연습하자. 그리고 자녀들이 언제라도 그 사랑 안에 쉬고 갈 수 있도록 늘 그 자리에 존재하는 부모가 되자.

03

아이와 소통하는
엄마가 되라

만약 당신이 어떤 사람에게 그가 이해할 수 있는 언어로 이야기한다면
그 말은 그의 머릿속에 들어갈 것이다. 만약 당신이 그의 모국어로 이야기로 이야기한다면
그 말은 그의 마음속에 들어갈 것이다.

- 넬슨 만델라 -

침착하게 생각해 보자. 왜 아이가 커갈수록 소통이 힘들어질까? 나도 한때 크게 낙담하거나 힘든 고비를 넘겼다. 친구처럼 살가웠던 딸은 '아니', '됐어', '몰라'라는 대답이 전부였고 어쩌다 몇 마디 물어 보면 짜증을 내기 일쑤였다. "엄마는 내 마음 몰라!"라는 한마디를 툭 던지고 냉정하게 휴대전화만 봤다. 그럴 때마다 '혹시 우리 아이가 상처 받은 일이 있나?' 덜컥 마음이 불안해졌다.

그동안 창업 준비로 바빠 아이와 진정한 소통을 나눈 지 오래다. 솔직히 바쁜 엄마로 사는 것이 미안해 내가 먼저 간단한 말만 하고 피할 때도 있었다. 딸에게 오래된 추억을 자주 이야기한 것도, 어쩌면 딸과 공감할 이야기가 많지 않기 때문이라는 생각도 들었다.

엄마들은 아이 교육에 대해 자신이 생각하는 것보다 훨씬 많이 알고 있으며 잘하고 있다. 그러나 남의 아이가 아닌 내 아이를 위한 교육에는 자신이 없어진다. 넘치는 정보에 시달리며 내가 알고 있는 것보다 더 나은 정보가 있을 것으로 생각되기 때문이다. 나 역시 교육 정보를 구체적으로 어떻게 적용해야 할지 몰라 막막할 때가 있었다. 그런 와중에 막상 아이와 충돌하는 때가 오면 그동안 배우고 연습했던 모든 소통의 기술은 무용지물이었다.

아들이 중학교 1학년 때의 일이다. 아이들과 함께 쇼핑을 가던 길이었다. 그런데 갑자기 아들이 다급하게 말했다.

"엄마, 한 시간 뒤에 게임가게 앞에서 만나요. 쇼핑은 하나랑 같이 하세요."

그러더니 가게 안으로 뛰어 들어갔다. 맞은 편에서 같은 학교 여학생들이 걸어오고 있었던 것이다. 딸은 깔깔 웃으며 말했다.

"엄마, 요즘 오빠가 여학생들이 있으면 목소리도 바꾸고, 어깨에 힘주고 그래."

아들은 엄마와 쇼핑 나온 아이가 아닌 '어른 남자'로 보이고 싶었던 것이다. 나만 나이 먹는 것이 아니라 아이도 어른이 되는 중이었다. 하지만 어느새 훌쩍 자란 아이에게 엄마의 마음이 활짝 열려 있다는 것을 알리고 싶었다.

나는 아이의 마음이 항상 안정될 수 있도록 신경을 많이 썼다.

가장 중요하게 생각한 것은 '행복한 생각을 할 줄 아는 아이'로 키우는 것이었다. 반면에 옳지 않거나 부정적인 강요를 받을 때는 단호하게 'No'를 외칠 수 있는 아이가 될 수 있도록 정성을 쏟았다.

나는 아이들과 소통이 버거운 엄마들에게 '따뜻한 엄마'가 될 것을 권한다. 엄마의 말과 눈빛만으로도 아이들은 차분하게 이야기를 나눌 수 있기 때문이다. 세상의 모든 아이는 따뜻한 엄마의 배려를 원하고 있다.

아이가 원하는 엄마가 되기 위해서는 사춘기라고 특별한 의미를 두거나 과하게 반응하기보다 아이들이 좋아하는 청춘 트렌드를 잘 관찰하는 것이 좋다. 아이들 세대가 무엇을 따라가고 좋아하는지 모르면 아이들이 원하는 것이 보이지 않기 때문이다. 나는 딸과 드라마를 볼 때면 오로지 드라마에만 열중하며 쓸데없는 질문은 일체 하지 않는다. 단순하게 딸이 좋아하는 프로를 즐기다 보면 저절로 청춘들만의 언어도 알게 된다. 특히, 친한 친구들의 이름과 특성들은 기억해 두면 좋다.

"명진이는 요즘도 스쿠터 타고 출근하니?"

"앨리스가 아르바이트하는 곳에서 케이크 살까?"

아이들이 스쳐가듯 말한 내용을 기억하고 이야기하면 아이들은 엄마가 자신에게 관심을 두고 있다는 사실을 알고 고마워한다. 물론 앞에서 내색하지는 않는다. 이 또한 더 이상 어린아이가 아니라는 아이들의 성장 감정으로 이해하면 좋다. 도리어 현명하게 받아들이는 엄마로 느끼며 친구들에게 그런 엄마를 은근히 자랑할 것이다.

아이와의 소통은 기술보다 마음으로 다가가야 한다. 아이가 좋아하는 것을 소중히 여기는 엄마의 마음은 고스란히 전달되기 때문에, 사춘기 아이들도 엄마의 반응에 늘 만족할 것이다. 그러나 무조건 의미 없는 '잘한다', '최고다', '훌륭하다' 식의 막연한 칭찬은 도리어 백해무익하다.

자신의 사춘기와 20대의 기억을 되돌아보라. 직접 손 글씨로 연애편지를 썼다면 지금은 이모티콘과 줄임말로 문자를 보낸다. 그러나 표현 방법과 환경만 달라졌을 뿐 성장 행동과 성장 감정은 인류가 존재하는 한 별반 다르지 않다. 각자가 자신을 잘 운영해 가는 방법은 분명히 있다.

어떠한 경우에도 '예의 바른 부모'의 자세를 지키도록 하자. 물론 나도 아이의 말을 뚝 자르거나 성급한 질문을 할 때가 종종 있었다. 하지만 돌아오는 반응은 "엄마는 내 마음 몰라."였다. 누구라도 코너로 몰아세우며 자신의 감정을 묵살하는 사람에게는 호감을 느끼지 않는 법이다. 자녀도 먼저 예의를 갖추고 말을 하는 부모에게 마음의 문을 열 수밖에 없다.

아이와 소통할 때는 무조건 아이의 입장에서 시작하고 들어야 한다. 아이의 입장을 이해하고 말하면 대화이고, 반대로 엄마 입장에서 말하면 잔소리다. 이때 가장 조심해야 할 점은 부모가 자기 감정에 빠져 말을 늘어놓는 것이다. 아이도 스스로 말을 하면서 자부심을 느끼고 자신감을 키울 수 있는 연습시간이 필요하다.

그런데 부모들 중에 아이와 계속 유연하게 소통을 잘하는 사람들이 있다. 잘 살펴보면 그런 사람들은 아이의 감정을 존중하고, 슬럼프에 빠지더라도 희망을 가질 수 있게 아이들을 기다려 준다. 모든 아이는 변화하며 성장한다. 부모와 자녀의 소통은 감정의 끈을 양쪽에서 붙잡고 이리저리 흔들어 보기도 하고, 당겨 보기도 하고, 주물러 보기도 하는 과정이다. 소통의 기술과 정보 수집에 목숨 걸지 말고 아이의 입장을 제대로 느껴볼 수 있는 마음가짐을 훈련하는 것이 필요하다.

부모도 아이가 커 가는 과정을 함께 겪으며 동반성장해야 한다. 아이가 밝은 사람이 되려면 엄마도 밝은 성품을 가지려 노력해야 하고, 지혜로운 아이로 키우고 싶으면 엄마도 공부해야 한다. 부모에게 자녀는 의무와 책임이라기보다 인생 수업을 다시 할 수 있는 기회를 주는 은인이라 여기면 어떨까? 나는 일상에서 내 삶을 챙기며 일한다. 일과 놀이를 같이 하며 따로 구분하지 않는다. 아이와 함께 살아가는 인생여행에서 시간과 노력이 필요한 것은 부인할 수 없는 사실이다.

엄마 역할도 처음인 것처럼 아이들도 자녀 역할이 처음이라 어색하다. 유별나게 결과로 아이들을 평가하는 사람이라면 한 걸음 천천히 늦추어 걸어 보자. 인생은 작은 점을 연결해 완성되는 과정이다. 아이의 작은 점들이 행복하게 이어질 수 있도록 성장의 과정을 보듬어 주자. 부모의 삶을 바라보며 열심히 따라오는 아이들을 존중하는 것이 부모의 존재감을 알리는 길이라 여기면 된다.

아이들이 주는 행복은 말로 표현할 수 없다. 아이와 함께 살아가는 여행에 시간과 노력이 필요한 것은 부인할 수 없는 진실이다. 자녀와 한 시대를 함께 살아가는 친구처럼 소통하며 우정을 나누어라.

04

부모의 태도가
아이의 인생을 바꾼다

내일이면 귀가 안 들리는 사람처럼 새들의 지저귐을 들어 보라.
내일이면 냄새를 맡을 수 없는 사람처럼 꽃향기를 맡아 보라.
내일이면 더 이상 볼 수 없는 사람처럼 세상을 보라.

- 헬렌 켈러 -

아이들이 어릴 때의 일이다. 저녁 준비를 하고 있는데 아이들
이 엄마를 계속 부르며 오늘 학교에서 있었던 일들을 이야기했다.
나는 마음이 바빠 쳐다보지도 않고 "응응, 그래." 같은 대답만 건
성으로 했다. 갑자기 아들이 짜증 섞인 목소리로 말했다.

"엄마는 바보야. 내가 아무 말도 안 했는데 계속 대답하잖아."

사실 싱크대 물소리 때문에 아이의 말소리는 거의 들리지 않
았었다. 급하게 저녁 준비를 하느라 바쁜 마음에 대충 응대한 것
이었다.

잠시 후 저녁 준비를 끝내고 아이들을 불렀는데 대답이 없었
다. 깜짝 놀라 거실로 뛰어가 보니 딸은 바닥에서 잠들어 있었고,
아들은 소파에서 잠들어 있었다. 잠이 든 아이들을 흔들어 깨워

저녁 먹자고 말하려 나가려는데 아이가 등 뒤에서 나를 꼭 끌어 안았다.

"엄마, 내가 이야기할 때마다 바쁘니까 슬퍼."

아이가 슬프다고 하면 엄마는 더 슬프다. 아무리 바쁘고 힘들어도 아이들에게 행복에너지가 가득하고 희망을 주는 엄마가 되는 일보다 중요한 것은 없다. 나는 그날 이후, 아이가 나의 등 뒤에서 말하지 않도록 언제나 모든 행동을 멈추었다. 아이가 이야기할 때는 마주 보거나 옆에 앉았다.

그때부터 놀라운 변화가 보이기 시작했다. 내가 먼저 아이가 있는 곳으로 가까이 가서 아이의 이야기를 듣는 자세만 취했을 뿐인데, 아이들은 행복, 신기함, 놀라움, 슬픔, 화남, 서운함, 설렘 등 모든 감정을 종달새처럼 이야기했다. 그동안 엄마의 잘못된 태도로 아이들은 이러한 수많은 감정을 드러내지 못했던 것이다.

가족은 알게 모르게 에너지를 주고받는다. 긍정적인 에너지일 수도 있고, 부정적인 에너지일 수도 있다. 에너지를 서로 얻을 수도 있고 반대로 빼앗길 수도 있다. 이처럼 가족이 주고받는 에너지가 집안 특유의 분위기를 만든다.

엄마의 작은 태도 변화에 큰아이는 하와이안 훌라춤을 췄고, 작은아이는 덩달아 신이나 엉덩이를 엇박자로 씰룩거리며 엄마를 위한 공연을 펼쳤다. 1분도 걸리지 않은 짧은 순간이지만, 아이들에겐 엄마가 주는 마법 같은 행복이었다.

반응이 좋은 엄마를 보며 자란 아이는 학교에서도 발표에 대한 두려움이 적다. 연단에 서는 강사들이 청중들의 반응이 좋으면 신이 나서 꿀팁을 마구 쏟아내는 것과 같은 이치다. 아이들은 부모를 통해 세상을 이해한다. 엄마의 반응에 따라 행복과 불행이 완전히 바뀔 만큼 아이들은 엄마의 감정에 예민하다.

위대한 인물을 키워낸 세계 명문가들의 교육을 살펴보면, 그들 모두 자신만의 독특한 자녀교육법이 있었다. 한 가지 공통점은 자녀들이 좋은 성품으로 자신의 탁월한 능력을 발휘하도록 도왔다는 점이다. 최연소 대통령에 당선된 존 F. 케네디는 대통령이 된 후 어머니에 대해 이렇게 말했다.

"대통령이 되기 위한 준비단계란 없다. 다만 내가 남에게 배운 것 중에서 도움이 될 만한 것이 있다면, 그것은 모두 어린 시절 어머니가 가르쳐 주신 것이다."

실제로 그의 어머니 로즈 케네디는 식탁을 교육의 장으로 활용했다고 한다. 아이의 말을 비판하거나 판단하는 것이 아니라 각자의 생각을 듣고 있는 그대로 받아들이는 시간이었다. 그래서 케네디 가(家)의 아이들은 누가 시키지 않아도 자발적으로 이야기하며 식사시간을 재미있어 하게 되었다고 한다.

요즈음 우리는 어떤가? 이런 식탁 교육을 이야기하면 아마도

"아이들 학원 시간도 챙기기 힘든데 무슨 저녁 식탁? 부부도 함께 저녁 식사를 한 적이 언제인지 기억이 안 날 정도인데 말이야." 라고 말할 수 있다. 물론 가족이 함께 저녁을 먹는 문화가 사라진 지 오래다. 하지만 일주일에 단 한 번이라도 아이들과 함께 밥을 먹으며 여유 있는 시간을 가져 보자. 대화를 통해 세상 이야기를 알게 되고, 일과 중에 일어난 이야기를 서로 나누는 것으로도 충분하다. 주 1회가 힘들다면, 월 1회라도 해 보자. 1년이면 12번이나 된다.

주변 사람들은 내가 아이의 감성교육에 너무 치중했다고 하지만 나는 재능교육이나 지능교육보다 인성교육을 더 중시한 것이다. 내 아이들이 버릇없이 재능만 있는 사람이 되는 것을 원하지 않았다. 자신의 지식만 자랑하고 예의가 없다면 그 지식은 아무런 의미가 없다. 나는 아이들에게 손님이 방문했을 때는 반드시 정면에서 인사하게 했고, 선물을 받을 때는 겸손하게 두 손으로 받는 자세를 배우도록 했다. 부모는 아이의 본보기다. 부모의 말과 행동은 이 세상 누구보다도 아이에게 막대한 영향을 준다. 아이를 신동으로 만드는 것보다 언행일치를 보이는 부모의 교육이 더욱 가치 있다.

예를 들어, 아이에게는 남의 흉을 보거나 거짓말을 하지 않아야 한다고 가르친 부모가 스스럼없이 친구의 결점을 이야기한다면 어떨까? 특히 아이 친구의 부모에 관해 잘못된 점을 지적한다거나 다른 사람의 작은 실수를 크게 확장시키는 엄마를 존중하고 싶은 자녀들은 없을 것이다.

아이들의 성장 행동에 주관적인 감정을 휘두르지 않도록 노력하는 것이 좋다. 유아기의 감정을 사춘기 아이들에게 요구하는 엄마라면, 지금 당장 멈춰라. 성장하는 아이들은 새로운 세상을 접하며 생소한 감정에 부딪히게 된다. 그럴수록 부모는 아이의 성장 행동을 떠올리며 사랑으로 마음을 채우는 큰 그릇이 되어야 한다. 왜냐하면 부모에게는 익숙한 것들이 자라나는 아이에게는 첫 경험이기 때문이다.

노벨문학상을 수상한 파블로 네루다의 시집에 이런 구절이 있다.

"나였던 그 아이는 어디 있을까? 아직 내 속에 있을까, 아니면 사라졌을까?"

습관처럼 '가족 때문에', '아이 때문에', '환경 때문에'라고 말하는 사람이 적지 않다. 물론 환경과 상황은 천차만별이며, 특히 자녀교육에도 정답은 없다. 하지만 이 세상 누구의 말보다 부모의 말 한마디는 아이들에게 보약이 될 수도 있고, 삶의 의욕을 잃을 만큼 치명적일 수도 있다. 내 안에 있었던 어릴 적 그 아이를 기억하며 자녀의 성장과정을 함께 즐기는 어른아이가 되는 것을 권하고 싶다.

유대인은 아이들의 대화가 잡담으로 흐르기만 하고 핵심이 없을 때는 부모가 가볍게 한마디씩 질문을 시키면서 대화를 이끈다고 한다. 이처럼 부모는 이것저것 지적하기보다 아이들이 자유로운 생각을 마음대로 펼칠 수 있도록 중심에만 있으면 된다. 나는 항상 아이들과 대화하기 전에 미리 나의 생각을 점검하는 습관이 있다. 아이들의 말을 끊지 않기, 성급한 판단으로 엄마의 고집을 우기지 않기, 올인하며 들어주기와 같은 생각을 미리 정리한다.

부모의 작은 태도 하나로 아이의 인생이 완전히 달라질 수도 있다는 점을 늘 생각하고 예의를 갖추자. 잠깐이라도 아이가 말하고 싶어 할 때 눈을 맞추어라. 아이가 부모의 등을 보고 말하지 않도록 반드시 자세를 정면으로 바꾸는 것이 좋다. 부모의 눈빛과 다정한 반응은 아이가 원하는 부모의 사랑이다.

05

생각하는 아이가
모든 것을 가진다

자신을 어떻게 생각하느냐가 자신의 운명을 결정짓는다.

- 헨리 데이비드 소로우 -

어린 아이들은 동화와 만화를 좋아한다. 동화 속 이야기가 실제라고 믿기도 한다. 산타클로스가 크리스마스에 선물을 가져다 준다고 믿고, 해리 포터의 마법학교에 입학하는 상상도 한다. 나도 어릴 적 《신데렐라》를 읽으며 실제로 유리 구두를 신겨 주는 왕자를 만날 수 있게 되리라 기대하곤 했다.

그러나 어른이 되면서 동화는 거짓이라는 것을 알게 된다. 어른이 되어서도 동화를 믿는 사람을 보면 "아직도 현실을 모르네, 판타지에 사니?"라고 하며 철없는 사람이라 말한다.

그런데 아이는 동화 속 이야기를 믿는 엄마로부터 상상력을 배운다. 나는 아이들의 이야기를 들을 때마다 늘 사진처럼 이미지를 상상해 보았다. 그리고 "다섯 명의 파워레인저 중 가장 예쁜 사람이 엄마야? 그럼 엄만 핑크 옷 입은 레인저다!"라고 제스처를 취하며 반응해 주었다. 마치 TV 속 레인저가 집 안으로 날아온 듯한 착각이 일어날 만큼 뜨거운 연기를 펼쳤다. 맞장구로 아이를 신나게 하는 이런 장면은 어느 집에서나 흔히 볼 수 있는 엄마의 모습일 것이다.

어릴 때 들려준 이야기 덕분인지 나의 두 아이는 모두 창의적이다. 나는 아이들에게 감성이 풍부한 엄마로 크게 반응하고 맞장구를 치며 아이의 흥을 북돋는 교육을 했다. 수시로 아이들을 서점으로 데려가 동화처럼 역할놀이를 했지만 책을 읽도록 지시한 적은 없다. 책을 놀이처럼 대했던 아이들은 도리어 성인이 되어서도 책을 혼자 있을 때 소통할 수 있는 친구처럼 가볍게 여긴다. 이제는 둘 다 선생님으로 일하면서 아이들 이야기에 맞장구치며 행복해 한다.

아이들은 눈에 보이지 않는 세계를 생생하게 연상하고 이야기를 엮어가며 생각 숲을 만든다. 자신의 모습을 대입하며 간접적인 경험으로 '감'을 잡는다. 이렇게 상상 속 인물과 배경을 통해 다양한 간접 경험을 한 아이들은 '스스로 생각해 보는 행동'에 대해 자신감이 생기게 된다. 왜냐하면 이야기를 상상할 때마다 새로운 동화가 탄생되는 성취감을 경험하기 때문이다.

나는 지금도 아이디어가 잘 떠오르지 않을 때면 어린이 프로를 즐겨 본다. 순수한 아이들의 성장 행동을 잊지 않고 어른이 되면서 둔해진 감성을 깨울 수 있는 좋은 도구로 활용하고 있다. 아이들의 이야기 보물 창고를 풀어내는 생각을 배울 수 있다.

아이가 건강하게 태어난 것은 고작 한 걸음 내디딘 것에 불과하다. 부모가 된 날부터 자녀교육은 멀고 복잡한 길이다. 자녀교육의 성공은 아이가 태어난 지 얼마 되지 않은 영아기에 결정된다. 이 시기에는 아이가 목마를 때 물을 마시게 하고, 기저귀가 젖으면 빨리 갈아 주는 등 아이의 요구를 빨리 알아차리는 것이 가장 좋은 육아법이다. 일상에서 좋은 교육을 하는 데는 특별한 교육법이 필요치 않다. 아이가 원하는 것을 알아채고 밝은 표정으로 공감하는 부모가 되면 충분하다. 동화가 거짓임을 알아차리는 것이 어른이 되어가는 과정이라고 아이에게 말하며 상상의 세계를 미리 삭제시킬 필요는 없다.

자신의 꿈을 실현하는 힘, '많은 사람들 중 하나(one of them)'로 살지 않고 '유일한 자기(only one)'로 살아가는 힘은 스스로 생각하고 스스로 선택하는 능력에서 시작된다. 시간대로 학원을 순례하기보다 아이들이 부모와 대화를 나눌 시간을 만들어 주자. 하루 3분, 아니, 1분이라도 좋다. 매일 조금씩 시간을 늘려가며 상상의 폭을 넓혀 주어라.

아이들이 어릴 때는 엄마의 식사시간을 먼저 챙기기를 권한다. 왜냐하면 엄마가 허기지면 괜한 짜증을 낼 수 있기 때문이다. 엄마가 밥을 먹을 동안 아이에게 식재료를 주고 놀게 하는 것도 좋다. 특히 아이들과 함께할 시간이 부족한 워킹맘일수록 먼저 식사를 하고 집안일을 하자. 짧은 시간을 기분 좋고 알차게 사용하는 방법이다. 금강산도 식후경이라는 말처럼, 단순히 식사시간을 먼저 챙기는 융통성 덕분에 아이도 나도 행복할 수 있었다.

아이가 시행착오를 겪으면 자신이 해결해 주려 뛰어드는 엄마들이 있다. 정작 중요한 것은 아이가 하는 말을 잘 듣고 반응하는 것이다. "와, 정말? 그래서 어떻게 되었는데? 응, 정말 힘들었겠다."라고 말하며 들어 주는 것만으로 충분하다. 아이는 엄마가 꾸지람을 하지 않고 간간히 쳐 주는 맞장구만으로도 생각을 정리하게 된다. 이미 엄마의 반응 덕분에 자존감은 커졌기 때문에 상황을 객관적으로 생각할 수 있는 안목이 생긴 것이다. 내가 맞장구 대화법을 가장 우선으로 꼽는 것도 바로 이런 이유에서다.

어른도 아이도 일상에서 어떻게 말하고 반응하느냐 하는 습관이 결국 생각의 차이를 만든다. 아이에게 스스로 생각할 수 있는 동기를 찾을 기회를 고스란히 맡기는 것이다. 그러기 위해서 먼저 아이의 마음을 읽어 주자.

유대인에게 질문을 하면 즉답을 하지 않는다고 한다. 그들은 질문을 다른 관점으로 생각해 보고 새로운 질문을 던진다. 여러 사람이 아닌 두 사람 사이에서도 똑같이 질문과 질문으로 대화할 정도다. 일상에서 거창하고 장황한 이야기보다 아이의 일상을 기분 좋게 묻고 엄마의 생각을 멈추자. 이야기할 주제를 찾을 수 없어 겨우 몇 마디 주고받지 말고 아이의 생각을 경청하는 엄마가 되자.

아이가 살아갈 미래의 관점으로 경청하면 아이의 마음을 얻을 수 있다. 세계 명문가의 자녀교육 비법은 '남의 말에 의존하지 않고 내 아이를 가장 잘 아는 엄마의 믿음'이라고 한다. 혹시라도 마음이 급해진다면 태어났을 때 아이가 우리에게 선물한 경이로운 순간을 기억하며 기다리자.

아이는 부모에게 말하며 자신의 생각을 자랑할 수 있어 자존감도 커진다. 아이들은 어떤 지식으로도 풀 수 없는 경이로운 존재다. 동심을 잃어버리지 않고 아이의 생각을 순수하게 받아들이는 엄마는 아이의 마음까지 얻게 된다.

06

성장하는 엄마로
자녀의 모범이 되라

꿈꿀 수 있다면 이룰 수 있다. 한계는 바로 당신 자신 안에 있다.

– 헨브라이언 트레이시 –

"엄마, 또 공부해?"

"쉿! 엄마 숙제하는 중이야."

내가 굳이 말하지 않아도 알아서 냉장고의 아이스크림을 꺼내어 먹는 아이들의 말소리다. 나는 당시 주말은 선물가게에서 일하고 주중에는 학교에 다니고 있었다.

어느 날 초등학교 2학년이었던 딸의 담임선생님으로부터 전화를 받았다. 어머니날을 위해 아이들이 엄마에게 보내는 편지를 썼는데 그 편지를 발표하는 행사가 있으니 꼭 참석해 달라고 했다. 나는 학교 수업 때문에 못 간다는 말을 차마 못하고 전화를 끊었다.

다음날 오전 수업을 모두 포기하고 아이의 학교행사에 참석했다. 교실 안은 엄마들과 아이들로 가득했고, 간단한 다과가 차려진 파티 분위기였다. 차례로 편지를 읽는 해맑은 아이들의 편지 내용은 엄마들을 울고 웃게 만들었다. 드디어 내 딸 하나의 차례가 되었다.

"우리 엄마는 아카데미 여우주연상을 받아야 합니다. 왜냐하면 내가 시험을 잘 못 보아도 혼내지 않기 때문이에요."

폭소가 터졌다.

"우리 엄마는 숙제하라고도 하지 않고 책을 읽어 주면 나보다 먼저 잠들기 때문에 혼자 인형놀이를 더 많이 할 수 있어 좋아요."

옆자리 엄마는 눈물까지 흘리며 웃었다.

"우리 엄마는 나보다 숙제하기 힘들어해요. 수진이 언니에게 매일 전화로 물어보며 숙제하거든요. 하지만 우리 엄마는 내가 골라 주는 티셔츠 사는 것을 가장 좋아해요. 그래서 나는 우리 엄마에게 아카데미상을 드리고 싶어요."

나는 그날 얼굴이 빨개지도록 웃었다. 딸아이의 교실에서 내가 아이에게 어떤 엄마인지, 나의 사소한 반응들이 아이에겐 어떤 기분을 주는지 경험하게 되었다.

우리는 매일 똑같은 하루를 산다. 자신도 모르게 남들과 다른 것에 어색함을 느낀다. 자신의 잠재력을 남김없이 발휘하기 위해 내면의 모든 변명들을 떨쳐 버리는 용기를 내는 엄마를 상상해 보았는가? 현실을 박차고 일어나 한계를 극복하고 싶은 꿈을 그려 본 적이 있는가?

나는 대학에 복학한 뒤 새 학기 등록 때마다 포기해야 하는 상황이 생기곤 했다. 겨우 두 학기를 마쳤는데 또 다시 한 과목의 학점이 모자라 장학금 대상에 명단이 없었다. 다음 학기 등록이 힘들어진 것이다. 중세 미술 과목이었는데, 일과 육아를 병행하며 체력적으로 탈진한 상태였는지 도저히 집중할 여력이 없었다. 더 나은 미래를 욕망했지만 쏟아지는 잠을 이겨 내기에는 역부족이었고, 나는 시험을 완전히 망치고 말았다. 나는 교수님을 찾아갔다. 그리고 솔직하게 말했다.

"지금 아티스트 장학금을 받지 못하면 나는 또 학업을 포기해야 합니다. 이제 그만두면 앞으로 영원히 꿈을 꿀 수 없을 거예요. 다시 한 번 더 시험 볼 기회를 주세요. 제가 장학금을 받기 위해 필요한 학점은 A입니다."

절실함이 통했는지 재시험이 허락되었다. 가까스로 융자금과 장학금을 더해 겨우 등록을 할 수 있었다. 어린 학생들 사이에서도 열정으로 돌파하는 아줌마 학생의 진심은 통했다. 우리를 가두는 한계는 고정관념일 뿐이다.

내가 아이들에게 가장 남기고 싶지 않은 모습은 현실에 안주하는 모습이다. 아이들과 영원히 함께 살 수 없다는 것이 분명한 사실이기 때문이다. 아이에게 인생수업을 가르치는 롤 모델로서 존재하고 싶었다.

나는 여성들이 자신을 평범한 사람이라고 규정짓고 꼬리표 붙이는 것을 이해할 수 없다. 사회가 요구하는 평가와 이미 설정된 잣대를 고스란히 수용한 태도다. 이는 겨우 5%의 사람만이 금전적으로 자유롭고 성공한 삶을 누린다는 통계를 증명하는 것 같아 아쉽다. 왜 스스로 95%의 사람이 되려고 하는가? '평범'이라는 꼬리표를 왜 자진해서 붙이는가? 생각만 바꿔도 인생은 달라질 수 있다.

나는 딸의 발표를 들으며 대체 불가능한 여자의 삶을 살 것을 선택했고, 그 이후로 단 한 순간도 후회해 본 적이 없다. 허망한 위로와 격려에 매달리지 않고 노력하는 삶을 생각해 보자. 내 삶이 어디에 와 있는지, 왜 더 높은 단계의 삶을 위해 고군분투해야 하는지, 외롭지 않기 위해 네트워크를 만드는 것에 애쓰지는 않는지 스스로 고민해 보자. 만약 도전, 꿈, 열정이라는 단어를 입에 올리기가 어색하다면, 별 다를 것이 없는 삶을 사는 것처럼 시간을 채우고 있다면, 내가 지금 어디쯤 와 있는지 제대로 알아보자.

우리의 잠재의식 안에는 울타리가 있다. 그 울타리는 자신이 처한 현실이 눈에 보이고 뼈저리게 힘들 때 더 크게 나타난다. 그래서 과거에 부모, 가족, 학교, 혹은 속해 있던 그룹으로부터 들어온 평가를 현재의 자기 모습으로 착각하는 것이다.

여성들은 현실에 얽매일 때 마음이 약해진다. '어떻게 살아야 하는가?'라는 것은 엄마가 되어서도 계속 고민하게 되는 부분이다. 우리가 수많은 주제의 강의와 학원에 등록하게 되는 이유 중에는 현실의 모습이 꿈꿔왔던 자신과 다르기 때문인 것도 있다. 정도의 차이는 있겠지만 대부분의 여성들이 결혼 후 출산과 함께 겪는 현실이다. 나 역시 스스로 저버렸던 상상 속의 내가 어느 날 연기처럼 사라진 것을 깨닫고 불안했었다.

나는 노력만 하면 더 나은 자신이 된다는 말을 믿지 않는다. 복잡한 여건들이 관련되어 있기 때문이다. 그러나 어떤 여건이라도 자신의 인생을 자포자기해도 될 만큼 거창한 이유도 되지 않는다. 그보다는 지금 처한 상황에 집착해 부분만 보다가 인생 전체를 보지 못했을 가능성이 크다. 이를테면 사춘기 아이의 격한 변화에 집착해서 그 시간이 영원할 것 같거나 잘나가는 남편만 바라보다 내 인생은 한 걸음도 내딛지 못했을 수도 있다.

엄마는 아이의 거울이다. 엄마는 아이를 가르치는 산증인이다. 어떤 공부를 하건 형식은 중요하지 않다. 더 나은 자신을 위해 노력하는 엄마로 어떤 방법이든 다양하게 시도해 보며 자신이 원하는 모습을 찾으면 된다. 그다음에는 끝까지 지속적으로 하는 인내와 끈기가 관건이다. 나는 따뜻한 성품을 가졌지만 나 자신에겐 엄격하다. 그리고 내가 먼저 일관성을 지키는 강인한 엄마로 산다.

지금 당신이 원하는 일이 무엇인지 진정으로 찾고자 노력한다면, 다른 사람에게 선택을 강요당할 필요가 없다. 아이들 역시 부모가 인생을 대하는 가치관을 보고 스스로의 인생을 승인하는 태도를 배울 것이다.

우리는 어른이 되어도 부모와 함께한 어릴 적 기억을 자주 떠올린다. 나도 여전히 아들이 처음 방긋 웃던 순간, 울보였던 딸이 예상을 뒤엎고 방실방실 돌상 앞에서 웃던 날을 생각하며 힘을 얻는다.

돌아가신 어머니는 "누가 알아주지 않아도 인내심을 가지고 조용히 피어나는 한 송이 꽃처럼 한결같은 엄마로 있어야 한다."라고 자주 말씀하셨다. 아이를 키우는 엄마의 역할이 결코 쉽지 않기 때문에 인내를 가지고 후천적인 교육을 하라는 말씀이라 생각한다.

엄마의 행동과 습관은 아이의 미래에 큰 영향을 미친다. 더 좋은 강사와 교육기관을 찾아 아이에게 '독특한 훈련'을 시키는 것보다, 성장하는 엄마가 되는 것이 중요하다.

07

재능보다 중요한 것은
꿈꾸는 능력이다

매일 씨를 뿌리다 보면 싹이 나고 줄기가 자라는 것이 분명 있을 겁니다.
그 아이를 정성껏 키워서 꽃을 피우면 되지요.

- 베르나르 베르베르 -

"빌리, 왜 발레를 하니?"

"그냥 기분이 좋아요. 하늘을 나는 새가 된 것처럼요! 내 몸 전체가 변하는 기분이죠. 마치 몸에 불이라도 붙은 느낌이에요. 전 그때 한 마리의 새가 되죠."

현실적인 어려움과 싸워가며 예술적인 성취를 이루는 과정을 다루고 있는 영화 〈빌리 엘리어트〉의 대사다. 영화는 주인공 빌리가 침대에서 뛰는 모습을 두 번 보여준다. 소년이 허공으로 날아오르지만 곧 떨어질 수밖에 없는 현실을 보여 주는 중요한 의미를 담고 있는 장면이다. '상승'은 이루고 싶은 꿈을 상징하고 '하강'은 그 꿈을 붙들어 매는 현실이다. 꿈과 현실은 떼어 놓을 수 없

240

는 관계라는 사실을 알려 주는 중요한 이미지다. 영화는 '꿈은 반드시 이루어진다'라는 단순한 이야기보다, 그 꿈을 이루기 위해서 부딪치고 넘어서야 하는 현실을 섬세하게 보여 준다.

자녀교육도 마찬가지다. 꿈을 이루는 과정에는 현실을 정면으로 직면하며 상승과 하강을 겪는 과정을 통해 이루어진다는 진실을 알려주는 것이 중요하다. 나는 늘 아이들에게 꿈을 이야기하고 꿈은 반드시 이룰 수 있다고 확신을 주었다. 하지만 '현실을 돌파하는 과정'을 생략하는 우를 범하고 말았다.

어느 날 딸은 고등학교 졸업 후 천천히 자신이 좋아하는 일을 찾겠다고 말했다. 다른 아이들처럼 계단식 단계별 공부는 자신과 너무 맞지 않다는 것이다. 나는 가슴이 철렁했다. 꿈꾸며 사는 엄마를 롤 모델로 여기는 딸이지만, 막상 학업을 중단하고 무작정 좋아하는 일을 찾을 계획이라고 선언하니 무조건 반대하고 싶었다.

"하나야, 시간이 얼마나 빨리 지나는 줄 아니? 또래 친구들과 함께 공부하는 경험을 해야 해."

"엄마가 늘 꿈꾸는 사람이 되라고 해 놓고 왜 이제 와서 다른 말을 하세요?"

"너 나중에 후회할 거야. 인생에는 다 시기가 있단 말이야."

나는 딸이 뜬 구름 잡는 건 아닐까 의심부터 들었다. 일단 긍정으로 말을 시작하고 표정을 바꾸려 애썼지만 이미 목소리 톤이 높아지며 딸에게 법정에서 질문하듯 대답을 강요했다. 심지어 평소 친화력이 좋고 예의 바른 딸의 성품도 시간을 허술하게 소비하는 것이 아닐까 의심되었다. 딸은 이런 엄마의 이중적 태도에 당혹해하며 오랜 시간 강한 불신감을 보였다.

이 문제는 내가 아이에게 어떤 점을 소홀히 했는지 깨닫는 좋은 계기가 되었다. 엄마는 아이의 꿈을 지원하되 꿈꾸는 능력을 키워야 한다. 꿈꾸는 능력은 현실을 피하지 않고 돌파하는 끈기다. 꿈을 향해 한 발짝 내딛고 또 한 걸음 더 내디디라고 가르치는 것도 중요하다. 하지만 막연한 꿈은 인생의 중요한 시기를 놓칠수도 있다는 점을 간과해서는 안 된다. 엄마의 태도도 정리해야한다. 혹시라도 나의 기대에 맞춘 길을 옳다고 주장한 것인지, 진정으로 아이의 마음을 이해했는지도 생각해야 한다.

아이에게 무엇이 필요한지, 두려운지, 아이가 무엇을 인정받고싶은지, 어떤 꿈을 가지고 있는지 아이의 진심을 알고 싶다면 아이의 말을 잘 들어 보는 것부터 시작하자. 어떤 길을 가든지 시련과 갈등은 따른다는 사실을 깨닫기 전에 좋아하는 일을 찾는다는 것은 솔직히 허구에 불과하다. 그래서 나는 아이에게 솔직한엄마가 되는 길을 선택했다.

실패한다고 해서 세상의 끝이 아니다. 오히려 시련을 겪으며깨달음을 얻을 수 있다. 그리고 꿈을 이루기 위해선 스스로 경제적 책임을 질 수 있어야 한다. 또한 인생의 명확한 방향부터 세워야 한다. 그러기 위해서는 벼랑 끝에 자신을 세우고 그 꿈을 이뤄야겠다는 간절함이 있어야 한다.

영화 속 빌리가 아버지에게 힘들면 돌아와도 되냐고 묻자 "농담하니? 네 방 세 놨다."라고 말하는 장면처럼, 나도 딸에게 강인하게 말했다.

"이제부터 스스로 자립해서 꿈을 향해 달려 봐."

나는 딸에게 절박함을 가르치기 위해 냉정을 선택했고 아이는 스스로 자립하는 데 성공했다.

아이의 꿈꾸는 능력을 키우고 싶다면 자신의 사소한 행동에 주목해 보자. 열심히 해야 한다고, 꾸준히 성장해야 한다고 잔소리하지는 않는지, 바쁘다는 핑계로 아이에게 무엇이 필요한지 짐작만 하고 묻지는 않는다든지, 아이가 인정받고 싶어 한다는 것을 알고 있는지, 그리고 아이의 꿈의 목록을 진심으로 인정하는지 살펴보아야 한다.

내가 아줌마 학생으로 복학했을 때 아무도 나를 인정해 주지 않았다. 친구들은 안정된 삶을 유지할 나이에 왜 황당한 모험을 하는지 의아해했다. 어떤 지인들은 내가 직책과 연봉으로 좀 더 여유 있는 생활을 맞바꾸는 이기적인 엄마라고 말했다. 하지만 나는 그 모든 시선을 뒤로하고 실력과 열정으로 돌파했다. 그때 꿈을 성취하는 비결은 간절함과 끝까지 욕망하는 힘에 비례한다는 것을 경험하게 되었다.

아이에 대해 잘 안다고 생각할수록 변화에 민감하게 반응해야 한다. 아이가 자신의 꿈을 성취하는 능력을 키우기 위해서는 엄마의 믿음과 끈기가 중요하다. 나는 아이의 결정에 동의했다. 이렇게 마음을 정하고 난 후 많은 것을 알게 되었다.

엄마도 아이가 사랑하는 일을 발견하고 추구할 기회를 찾을 수 있도록 강인해질 필요가 있다. 두 가지 태도만 지키면 된다. 자유를 허용하고 인정하는 것이다. 꿈이 없거나 가족을 대변하기 위한 꿈을 가짜로 꾸는 아이라면, 갈수록 행복의 간격이 벌어질 것이다. 꿈꾸는 청춘을 응원하자.

우리 모두에게는 간절한 꿈이 있다. 함부로 자녀의 꿈을 소홀히 대하거나 이루기 힘들다고 말하지 마라. 누구도 자신의 꿈이 옳다며 아이에게 강제할 수는 없다. 자녀의 관심사를 응원하고 앞으로 나아가도록 내버려 두어야 한다. 자녀가 날아오르는 모습을 보는 기쁨을 누리게 될 것이다.

자신의 인생은 스스로 개척하고 싶다는 딸은 오늘도 꿈꾸는 미래를 향해 20대의 열정을 태우고 있다. 나는 행복한 딸을 보며 내 꿈의 그릇도 키우는 중이다. 30년이 지나도록 계속 무용가의 꿈을 포기한 것을 후회하며 살았다. 나에게는 가장 가슴 아픈 상실이었다. 지금 나는 꿈에 도전하는 청춘을 지원하는 엄마다. 꿈을 이루기 위해 상승하는 청춘에게 꿈꾸는 만큼 하강할 수도 있는 현실에 대처하는 강인함을 가르치는 중이다. 날아오르는 모습을 보는 기쁨을 누릴 수 있는 그날까지.

자녀와 함께 걸어라

변화는 지금까지의 익숙한 상황에 작별을 고하고,
새롭고 낯선 상황을 받아들이는 것이다.
- 엘리자베스 퀴블러 로스 -

정신분석학자 프로이트는 "일과 사랑이 인생의 전부"라고 말했다. 나는 내가 운영하는 여성자기경영스쿨에서 여성들이 일과 사랑의 균형을 찾기를 열망한다. 의심할 바 없이, 현재 여성의 삶에 있어서 시급한 문제 중 하나는 일과 육아다. 강의 때마다 많은 여성들이 어떻게 일과 육아의 균형적 조화를 이루는지에 대해 꾸준히 질문한다. 나 또한 가장 많이 고민해 왔고 가장 많이 받는 질문이기도 하다. 내 대답은 냉정하다. 일과 삶은 균형을 이루기 힘들다. 그런 시도를 하면 할수록 인생은 고달프기 때문이다.

나는 아이들이 어릴 적에 함께 책을 읽었다. 퇴근길에 아이들을 데려올 때면 그날 있었던 일들을 함께 이야기하며 웃었다. 나는 내가 가는 곳에 가능하면 아이들을 데리고 갔다. 미국에선 12세까지 보호자가 반드시 아이들과 있어야 하는 법이 있었지만, 그에 상관없이 아이들의 미소가 보고 싶었다. 복학했을 때에는 아이들이 엄마랑 더 놀고 싶어 했지만 일과 공부를 선택하는 날도 있었다. 이런 점들은 확실히 일과 육아의 균형을 잘 맞추는 엄마의 행동은 절대 아니다.

하지만 여성들이 완벽한 엄마가 되는 것과 능력을 인정받는 여성이 되기를 동시에 이루려는 것은 틀린 생각이다. 만약 모든 것을 다 가지더라도 건강을 망치게 될 것이다. 무리한 시도로 건강까지 망친다면 과연 좋은 어머니의 모습일까?

사람들은 내가 바쁘게 살면서 어떻게 삶을 관리할 수 있는지 종종 묻는다. 나는 1:1 코칭이 있는 날에는 코칭 준비와 상담에 집중한다. 프로그램 강의가 있는 날에는 자료 준비와 그룹 컨설팅 준비를 한다. 책을 집필하는 날에는 여성자기경영스쿨 집무실이나 집의 책상에서 몇 시간씩 글을 쓰고 관련 자료를 읽는다. 일과 관련된 워크숍에도 참석하고 그들과 함께 식사도 한다. 때때로 워크숍과 교육을 위한 출장도 간다. 이틀에 한 번은 자이로토닉과 자이로키네시스 또는 로떼버크 테크닉으로 몸 관리도 한다. 이러한 행동들은 아이들이 어렸을 때부터 지켜온 노력이다. 지금까지 내 일을 즐기고 관리할 수 있었던 비결은 단 하나다. 내 인생 모두를 아이에게 건 적이 없다는 것이다.

어찌 생각하면 상당히 이기적인 엄마의 고된 생활로 보일 것이다. 그러나 스케줄을 일관되게 짜 놓으면 의외로 간단하다. 단순한 일정은 일상을 단순하게 만들기 때문에 훨씬 신경 쓰는 일이 적다. 나는 아이들을 관리하는 일정도 만들지 않았다. 주중에는 주말을 기다렸고 아침이면 저녁의 휴식을 기다렸다. 허둥대며 종종걸음 칠 때도 많았지만 늘 아이들과 함께 노력하며 살아왔다. 아이들을 특별한 사람으로 키워야 한다는 욕망은 전혀 없었다. 단지 아이들의 마음을 귀하게 여겼고 웃음을 소중하게 대했다. 나는 지금도 아이들의 열정에 귀 기울인다. 그리고 그 꿈을 더 키워주려고 노력하고 있다.

부모의 역할에 대해 지혜로운 선택을 해야 한다. 아이들과 동행하며 자신의 인생을 돌보는 엄마로 자립할 수 있어야 한다. 내인생을 방치한 채 헌신만 하는 부모를 바라보는 자녀는 부모의 미래를 책임져야 한다는 심리적 부담을 갖는 경우가 많기 때문이다. 따라서 가급적이면 자신의 삶에 대한 가치와 아이들의 소망을 균형 있게 반영하는 것이 좋다. 특히 여성들은 자신의 삶과 아이들의 삶을 구분해 서로 독립적인 관계를 유지하는 마음 연습이 절실하다. 모든 것을 부모가 다 해 주겠다는 태도를 빨리 접을수록 아이들은 바르게 성장할 것이다.

영화배우이자 화가인 안소니 퀸은 아들이 배우가 되겠다고 할 때 이런 생각을 했다고 한다.

'멋진 영화배우가 되려면 문제가 있는 삶을 살아야 하는데 지금까지 고생 없이 편하게 자랐는데 어떻게 배우가 되지?'

그가 말한 문제가 있는 삶이란, 삶의 애환이나 고통 같은 것을 겪어 봐야 한다는 말이다. 교육도 마찬가지다. 문제가 크면 클수록 인생에서 느끼는 맛이 깊은 법이다. 그의 말을 곱씹어 보면 부모들이 아이들 대신 결정해 주고, 문제를 해결하러 학교에 쫓아가는 것은 부끄러운 행동들이다.

미래를 끌고 갈 아이들의 인생 수업은 부모가 다양한 경험을 허용할 때부터 시작된다. 또한 아이들은 부모가 자신을 대하는 모습과 부모가 살아가는 모습을 통해 삶을 배운다. 이런 점을 생각한다면 아이를 키우는 엄마는 더욱 자신의 삶을 챙기고 아이들과 더 많은 인생 이야기를 공유해야 한다.

"우리 애는 생각 없이 살아요."
"무엇이든 끝까지 하는 근성도 없고 잘하려는 마음도 없어요."

이런 생각은 잘못된 편견이다. 아이들은 부모보다 훨씬 더 부모를 위해 성공하겠다는 의지가 강하다. 부모가 원하는 대로 무엇이든 잘해서 인정받고 싶어 한다. 부모가 못 이룬 꿈을 대신 이루어야겠다는 생각도 한다. 다만 속 시원히 말하지 못하고 자기를 증명하려 노력만 할 뿐이다.

부모의 말 한마디로 자녀의 5년 후, 10년 후의 모습이 달라진다는 상상을 해 본 적이 있는가? 아이들이 인생을 시작하기도 전에 과도한 기대를 하는 사람들을 볼 수 있다. 성장하는 과정에서 흔히 있는 실수를 아이의 재능 부족 때문이라 평가한다. 이것은 일방적인 편견일 뿐이다. 자녀의 꿈은 변하고 진화되는 것이 당연하다. 고여 있는 물은 썩고 흐르는 물이 맑은 것처럼, 아이의 꿈도 변화해야 건강한 생각을 하게 된다.

자녀의 마음속에 씨앗을 심어 주는 부모는 내 아이의 가슴이 뛰는지, 얼어붙었는지 느낄 수 있다. 차라리 조금 힘들더라도 아이가 스스로 해결할 시간을 주면 자립심 강한 아이로 성장할 것이다.

나는 지금도 아이들을 소처럼 우직하게 기다려 준다. 해군사관학교를 졸업한 아들이 뜬금없이 교사가 되겠다고 했을 때도, 딸이 하고 싶은 것 다 해 보고 스스로 결정하면 통보하겠다고 했을 때도 기다렸다. 내 인생은 내가 설계하는 것처럼 앞으로도 아이가 자신의 뜻대로 살 수 있도록 날개를 달아 주는 엄마로 동행할 것이다.

나는 아직도 두 아이가 처음으로 유아원에 갔던 날을 잊을 수 없다. 평소 친화력이 좋았던 큰아이는 내 옷을 붙잡고 울었고, 낯가림이 심하던 작은아이는 뒤도 돌아보지 않고 과자를 덥석 집어먹으며 웃었다. 아이를 키우면서 이러한 예상 밖의 성장 행동들을 경험했을 것이다. 설령 원하는 대로, 계획한 대로 결과가 나타나지 않는다 하더라도 조바심을 내지 말자. 과도한 기대보다 애절한 사랑을 간직하자. 사랑하는 자녀와 살아가는 이 순간을 위해 함께 한 발짝 살짝 내디뎌 보자.

1% 여자의 자기경영법

초판 1쇄 인쇄 2017년 9월 29일
초판 1쇄 발행 2017년 10월 6일

지 은 이 **미셸 리**
펴 낸 이 **권동희**
펴 낸 곳 **위닝북스**
기   획 **김태광**
책임편집 **김진주**
디 자 인 **박정호**
교정교열 **이양이**
마 케 팅 **허동욱**

출판등록 **제312-2012-000040호**
주   소 **경기도 성남시 분당구 수내동 16-5 오너스타워 407호**
전   화 **070-4024-7286**
이 메 일 **no1_winningbooks@naver.com**
홈페이지 **www.wbooks.co.kr**

ⓒ위닝북스(저자와 맺은 특약에 따라 검인을 생략합니다)
ISBN 979-11-88610-02-0 (03190)

이 도서의 국립중앙도서관 출판도서목록(CIP)은 서지정보유통지원시스템
홈페이지(http://seoji.nl.go.kr)와 국가자료공동목록시스템(http://www.nl.go.
kr/kolisnet)에서 이용하실 수 있습니다.(CIP제어번호: CIP2017024587)

위닝북스는 독자 여러분의 책에 관한 아이디어와 원고 투고를 설레는
마음으로 기다리고 있습니다. 책으로 엮기를 원하는 아이디어가 있으신 분은
이메일 no1_winningbooks@naver.com으로 간단한 개요와 취지, 연락
처 등을 보내주세요. 망설이지 말고 문을 두드리세요. 꿈이 이루어집니다.

※ 책값은 뒤표지에 있습니다.
※ 잘못 만들어진 책은 구입하신 서점에서 교환해 드립니다.